TWITTER PARA TODOS

Su negocio en 140 caracteres

ANA MARÍA JARAMILLO

TWITTER PARA TODOS

Su negocio en 140 caracteres

ANA MARÍA JARAMILLO

VERGARA

Barcelona • Bogotá • Buenos Aires • Caracas • Madrid • México • Montevideo • Santiago de Chile

1ª edición: Agosto 2010
© Ana María Jaramillo, 2010
© Ediciones B Colombia S.A., 2010
Cra 15 N° 52A - 33 Bogotá D.C. (Colombia)
www.edicionesb.com.co

Coordinador editorial: Alfonso Carvajal Rueda
Diseño de carátula: Mónica Cárdenas
Diagramación: Diego Martínez Celis
              Aura Lyda Pachón Rodríguez
Corrección de estilo: Álvaro Carvajal Rozo

ISBN: 978-958-8294-68-1
Depósito legal: Hecho
Impreso por: D`vinni S.A.

TABLA DE CONTENIDO

A mi familia por su amor incondicional y constante estímulo. A Isabel Londoño-Polo y a mis colegas y excelentes amigos: Adolfo Salgueiro y Víctor Javier Solano, por sus acertados aportes en la elaboración de este libro.

Diez por ciento de las regalías de autor de la primera edición de este libro serán para la Fundación "La Ventana de los Cielos" que mi gran amiga, Marlene Rodríguez, tiene con su esposo Ricardo Montaner y sus hijos. La Fundación brinda terapia a niños discapacitados de bajos recursos y es una maravillosa obra que merece todo nuestro apoyo.

"No hay que trabajar para el señor Twitter, sino poner
al señor Twitter a trabajar para usted".

Un prólogo con Andrés López

@lopezandres

Andrés López es uno de los colombianos con más seguidores en
Twitter. El 20 de julio del 2010, casualmente el día del bicentenario
de la independencia de Colombia tenía 107,555 seguidores y en Facebook la nada despreciable cifra de 962,388 de fans, números que
minuto a minuto crecen como la espuma.

¿Pero qué es lo que ha hecho el autor de La pelota de letras para
ser tan exitoso, también en los medios sociales? Aquí están sus secretos:

Los 20 secretos de Andrés López para triunfar en Twitter:

1. Estar a la vanguardia en materia de tecnología y aparición de
    nuevos medios sociales.

2. Pensar siempre en función de su empresa sobre desarrollo de
    contenido de comedia.

3. Tener propósitos claros y afines con sus propósitos profesiona-
    les, que en su caso es crear buenos recuerdos en la gente y que
    confronten sus problemas con una sonrisa.

4. Escuchar lo que dicen los seguidores y aprovechar al máximo
    esa valiosa información, porque ellos son quienes le muestran
    el camino a seguir.

5. Exponer su punto de vista directamente, sin las tergiversaciones
    y filtros de los medios de comunicación tradicionales.

6. Maximizar la presencia de interlocutores, aquellos que a pesar de no tener posiciones afines, promueven un diálogo decente.

7. Bloquear a los hipercríticos, que usan a Twitter para polarizar e insultar a otras personas.

8. Cumplir con la responsabilidad algo relevante y creativo.

9. No tomar a Twitter para llamar la atención o brillar, sino para conocer el tono emocional en el que se encuentra la sociedad.

10. Hacer que su actividad virtual sea coherente con su actividad real.

11. Si no tiene algo bueno qué decir, no diga nada por Twitter. El buen twittero se reconoce por lo que no dice.

12. Reconocer a los impulsivos. En Twitter mucha gente deja de ser analítica y se vuelve reactiva, y cuando eso pasa, se pone automáticamente los cordeles de títere y queda en las manos del titiritero.

13. Resolver todos los malentendidos y aclarar las críticas. El derecho a la expresión empieza cuando uno resuelve su deber con el malentendido.

14. Diferenciar la crítica constructiva del resentido extraviado.

15. Escribir un tweet al día, que realmente sea divertido o sea algo que realmente valga la pena decir.

16. Tratar que el tweet vaya de la mano con alguna fotografía o con alguna frase que identifique la personalidad de Andrés López.

17. Pensar que Twitter es un camino sobre hielo delgado y tener mucho cuidado al caminar por allí.

18. Ser causa de Twitter, porque si es efecto de Twitter, está condenado al fracaso.

19. Usar la aplicación del I Phone, que toma fotos en secuencia, para enviarlas a los seguidores con el sello personal de una buena frase.

20. Agradecer a los seguidores por estar en esa gran fiesta de amigos que es Twitter.

Introducción

Sacándole jugo a Twitter

Desde hace más de dos años he estado usando las plataformas sociales conocidas como "Social Media" y como periodista me he sentido atraída por toda la información que ha surgido alrededor del tema. Sin embargo, lo que terminó por demostrarme el verdadero poder de estas nuevas herramientas fue una experiencia personal.

Mi lavadora de ropa, uno de los últimos modelos de la Whirlpool, se dañó. Tras dos meses sin poder utilizarla, porque no se conseguía el repuesto en Estados Unidos, —vivo en la Florida— decidí usar Twitter.

Bastó un tweet o mensaje de 140 caracteres, para que una persona de servicio al cliente de esa compañía se comunicara conmigo, me enviara el repuesto a los dos días y a los cuatro alguien lo estuviera instalando en mi lavadora, todo por cuenta de Whirlpool.

El mensaje decía:

"Alert!!! Whirlpool Duet Sports Washer Consumers, since December mine is broken and nobody in US has a part, two months without washer !!!!!!".

(Alerta consumidores de la lavadora Whirlpool Duet Sports, desde Diciembre la mía esta dañada y nadie en Estados Unidos tiene el repuesto, dos meses sin lavadora!!!!!!)

Según supe después, hay dos personas de Whirlpool encargadas de monitorear todo lo que se dice de la empresa y si es algo negativo, la orden es reaccionar inmediatamente, para evitar así un efecto viral o multiplicador.

La diferencia es que cuando yo llamaba por teléfono a quejarme a Whirpool, nadie se enteraba de mi enojo y mi reclamo no pasaba de ser una conversación entre dos personas. Pero con Twitter mi molestia se estaba regando como pólvora por la red, de ahí la efectividad de su respuesta.

En ese momento comprendí la verdadera dimensión de Twitter y que "Social Media" es mucho más que un lugar de encuentro con los antiguos compañeros del colegio o el sitio para contar lo que una está haciendo en un determinado momento.

Las cifras son impresionantes según un estudio de la firma InSites Consulting: el 72% de los usuarios de Internet en el mundo tiene al menos una cuenta en una red social. Lo que significa que estas plataformas sociales ya cuentan con unos 940 millones de usuarios. Sur América es la región del mundo con la más alta penetración: el 95% de los suscriptores de Internet tiene por lo menos una cuenta en una red social.

El futuro de Twitter es sumamente prometedor, pues el propósito de sus creadores es que los 5,000 millones de usuarios de celular de todo el mundo, puedan acceder a esta plataforma a través de su teléfono móvil. Lo que le daría una cobertura gigantesca a este nuevo medio de comunicación.

¿Entonces por qué quedarse por fuera de ese inmenso mercado?

La idea con este libro es que después de leerlo conozca las enormes oportunidades que tiene en "Social Media" y elabore un sencillo pero eficaz plan de acción que le permita darle visibilidad a su empresa o marca personal a través de Twitter.

Si no está familiarizado con el lenguaje "Twitterino" no se preocupe, ya lo aprenderá. En el capítulo 5: están las palabras y términos más usados, con una clara explicación.

Adicionalmente, analizaremos la importancia de construir una sólida red de seguidores y la creación de contenido valioso, como clave de éxito para lograr esta tarea.

También veremos la necesidad de monitorear su imagen o la de su empresa en la red y la manera de complementar Twitter con las otras plataformas sociales.

Por último, trabajaremos algunas herramientas muy útiles que nos ofrece Twitter, como la posibilidad de hacer encuestas, promociones y concursos. Asimismo conoceremos varias historias que han terminado siendo exitosas por cuenta de este medio social.

Lo cierto es que el primer paso ya lo dio, y es el hecho de estar leyendo este libro. Espero que sea el comienzo de una muy provechosa aventura por Twitter. No dude en escribir a mi cuenta *@anamjaramillo*, contándome su propia historia de éxito. Nuestra conversación empieza aquí.

Capítulo 1

Un fenómeno llamado "Social Media"

Hace unos días leí una historia muy interesante en Twitter. Un bloguero haitiano, que además es médico, contaba desde su perspectiva la tragedia del terremoto que azotó a ese país en enero del 2010. Además de sentirme muy impactada con su descriptivo relato, lo que más me llamó la atención, es que si no hubiera sido por Twitter yo nunca lo hubiera leído.

¿Por qué? Sencillamente porque ni él es periodista, ni fue entrevistado por algún medio de comunicación. Entonces ¿cómo iba yo a conocer su historia?

¿Cómo lo encontré? Un periodista a quien admiro profundamente lo seguía en Twitter y yo, que usualmente miro a quienes siguen las personas que me interesan, decidí hacer lo mismo.

No solamente tuve la oportunidad de leer sus otros relatos, sino que pude intercambiar con él conceptos acerca de la tragedia humana que describía tan magistralmente.

Esa retroalimentación es la que soñamos todos los que escribimos. Cuando un artículo mío sale en la prensa, la única forma que tengo para saber el efecto que tuvo en mis lectores, es a través de los comentarios que escriben. Desafortunadamente nunca he tenido una conversación directa con ellos.

Y es aquí donde entra el concepto de "Social Media" a jugar un papel trascendental en la época actual.

¿Qué es "Social Media"?

Hay muchas definiciones acerca del concepto de "Social Media", dependiendo de quien la haga y el uso que le dé. Vamos a darle un vistazo al significado de los dos términos:

Social: está relacionado con las actividades que comparten los miembros de la sociedad. En este caso el canal de la comunicación de esas actividades es Internet.

Media: se refiere a la creación de contenido, texto, audio, video y/o imágenes.

Por lo que podría decirse que "Social Media" es la posibilidad de compartir actividades, ya sea en forma de contenido, texto, audio, video y/o imágenes, con otros miembros de la sociedad a través de Internet.

Definitivamente el fenómeno de "Social Media" va mucho más allá de eso. Es un nuevo medio de comunicación social que ha revolucionado la manera de crear, usar y distribuir contenido.

En pocas palabras, este nuevo fenómeno llamado "Social Media" le da la posibilidad a cualquier persona de crear un contenido, que puede ser interesante o no, publicarlo a través de Internet y recibir retroalimentación directa de quienes lo leen, creando así un diálogo.

Cabe anotar que el término "Social Media" está tan generalizado, que ha sido difícil traducirlo al español, aunque "Medios Sociales" y "Plataformas Sociales" se usan cada vez con más frecuencia en su lugar.

La expresión "Redes Sociales" también es utilizada como sinónimo de "Social Media", aunque hay quienes dicen que ellas son sólo una parte de este gran fenómeno.

¿Cuánto cuesta montar un periódico, una emisora o un canal de televisión que difunda contenido?

Es difícil cuantificarlo, pero definitivamente sea el medio que sea, crearlo y mantenerlo cuesta muchísimo dinero.

¿Y cuánto cuesta participar en "Social Media"?

La inversión es mínima. Un computador, un servicio de Internet, y un poco de conocimiento y de tiempo son suficientes para tener su "propio" medio de comunicación.

Además, puedo asegurarle que las posibilidades de que sus mensajes lleguen al "target" deseado son más altas en "Social Media", que en un medio de comunicación tradicional y todo por una fracción del costo.

De otra parte, la retroalimentación del usuario con los medios tradicionales de comunicación es mínima, frente a la que ofrece esta plataforma social, donde se forma una **verdadera conversación** entre ambas partes. Y justamente de esas conversaciones es de donde surgen las **comunidades.**

¿Para qué sirve el "Social Media"?

La utilidad del "Social Media" la define Joel Comm, el autor del libro "Twitter Power" de una forma muy clara:

"Sea cual sea el objetivo, el resultado de 'Social Media' siempre será **conexiones firmes** entre la gente que participa. Y cuando esas conexiones se forman alrededor de negocios, el resultado es excelente".

Seguramente le ha pasado que al hacer una búsqueda en Internet, se encuentra con un artículo de alguien que tiene la información justa que usted necesita. Y luego se pregunta, ¿por qué esta persona no cobra por esto, si tiene un contenido realmente valioso? ¿Qué gana al publicarlo en Internet en forma gratuita?

Lo cierto es que gana seguidores y genera tráfico en su página y eso puede llegar a darle muy buenos dividendos económicos y sociales. En términos generales, el "Social Media" le da visibilidad y el que exhibe, vende y el que vende, gana.

¿Cuáles son algunos de los beneficios del "Social Media" para su negocio?

- Incentiva un compromiso entre el usuario y la marca
- Disminuye drásticamente los costos operativos de los departamentos de servicio al cliente, publicidad, mercadeo, recursos humanos y relaciones públicas, entre otros.
- Segmenta el mercado de una manera más efectiva
- Posibilita saber qué están haciendo sus competidores
- Aviva el proceso de innovación y creatividad de la compañía

¿Cuáles son los diferentes tipos de plataformas que se usan en "Social Media"?

Estas son algunas de las formas de crear y compartir contenido en "Social Media":

1. Blogs

Según Wikipedia, un blog, o en español también una bitácora, es un sitio web periódicamente actualizado que recopila cronológicamente textos o artículos de uno o varios autores, apareciendo primero el más reciente, donde el autor conserva siempre la libertad de dejar publicado lo que crea pertinente.

Los blogs se caracterizan por:

- Ser la base del poder del "Social Media"
- Permitir la interacción de los usuarios
- Tener gran variedad de temas
- Buscar mantener a los lectores entretenidos y comprometidos
- Requerir tiempo para actualizarse con frecuencia
- Publicarse instantáneamente
- Ser personales o corporativos
- Sólo un porcentaje pequeño es creado por profesionales en diseño y/o tecnología
- Tener la posibilidad de volverse lucrativos
- Poder integrarse a otros sistemas como Facebook, Twitter, Flickr, etc.

Nota: Dos de los más populares son WordPress y Blogger; si aún no tiene un blog, no deje de probar cualquiera de los dos, son muy fáciles de usar.

2. Redes sociales

Están definidas por Wikipedia como estructuras sociales compuestas de personas (u organizaciones y otras entidades), que están conectadas por uno o varios tipos de relaciones, tales como amistad, parentesco, intereses comunes, intercambios económicos, relaciones sexuales, o comparten creencias, hobbies o pasatiempos comunes, conocimientos o estatus.

Se habla de dos tipos de redes sociales:

a. Verticales

Son las redes creadas por los propios usuarios; algunos ejemplos son:

- Ninq

- Bigtent
- SocialGo
- Spruz
- Mixxt
- Shoutem
- Twiducate
- Edmodo

b. Horizontales

Son las redes creadas por programadores a las que se unen los usuarios. Algunos ejemplos son:

- Facebook
- YouTube
- Foursquare
- MySpace
- Metacafe
- Jisko
- Flickr
- Friendfee
- Google Buzz
- Keteke
- Hi5
- Windows Live Space
- Picotea.com
- Tuenti
- Xing
- Bebo
- Friendster
- Sonico
- Wikipedia
- Orkut
- Badoo
- MyFamilypedia
- Boombang

3. Microblogging

Es un nuevo concepto en "Social Media" que representa lo opuesto a otras plataformas en relación al tamaño del contenido.

Algunas de las características del microblogging son:

* Conjuga elementos de blog, SMS (mensajería instantánea), "chat" y foro.
* Permite a sus usuarios enviar y recibir mensajes de sólo texto, vía SMS.
* Las actualizaciones están limitadas (usualmente) a un máximo de 140 caracteres.
* La comunicación entre usuarios puede ser de una vía o bidireccional.
* Algunas redes sociales, como Facebook, cuentan con una herramienta de microblogging denominada "Status update".

Entre los microblogs más conocidos están:
* Twitter
* Jaiku
* Identi.ca
* Khaces
* Spoink
* Yammer
* Plurk

Aunque muchos consideran a Twitter como una red social, hay muchas personas que no están de acuerdo.

En marzo del 2010 leí una entrevista que mi colega de El Tiempo Laila Abu Shihab le hizo a Biz Stone, uno de sus creadores, en la que él afirmó que Twitter es un nuevo medio de comunicación y no una red social. Por lo que decidí clasificarlo solamente en la categoría de microblogging.

En el capítulo 9: analizaremos con más detalle las redes sociales más importantes y diseñaremos un plan de acción para combinarlas con su cuenta de Twitter. Recuerde que nuestro principal objetivo es poner a trabajar estas plataformas para su beneficio y/o el de su negocio.

En el próximo capítulo hablaremos de la necesidad de crear un plan de trabajo antes de empezar su jornada en los medios sociales.

Capítulo 2

¿Cómo crear un sencillo, pero eficaz plan de "Social Media"?

Tanto si actúa como empresa o profesional independiente, antes de incursionar en cualquier medio social, es indispensable que elabore una estrategia clara, que le evite pérdida de tiempo y recursos, además de dolores de cabeza posteriores.

Este es un modelo de plan de acción que, por su sencillez, funciona bastante bien; trate de hacer el ejercicio de escribirlo y téngalo siempre a mano para consultarlo.

Un mapa rumbo al éxito

1. Monitorée su marca

Antes de empezar investigue cuáles son las fortalezas y debilidades de su marca en Internet.

Analice qué es lo que se ha dicho, en qué contexto, quién lo ha dicho, por qué y cuáles han sido las consecuencias.

Esta investigación puede hacerla en Yahoo y/o en Google. Este último tiene, además, un servicio de alerta muy eficaz que le avisa cada vez que su nombre o el de su empresa aparece en Internet. No deje de suscribirse, la dirección es:

http://www.google.com/alerts?hl=es

2. Defina objetivos

Con base en la información anterior, establezca sus objetivos. Trate de que sean lo más específico posible, porque de lo contrario el resultado final podría ser contrario al deseado.

Tenga en cuenta que la mayoría de los medios sociales no son canales de venta directa para sus productos y/o servicios. Son una **herramienta** para hacer su imagen más visible y positiva en la red y por ende **estimular** a los usuarios a "comprarlos".

Algunos de los objetivos pueden ser:

- Construir y/o fortalecer su marca positivamente en la Internet
- Crear y posesionarse en un determinado nicho de mercado
- Conectarse con sus clientes actuales
- Captar nuevos clientes y establecer una conversación con ellos
- Expandir geográficamente su negocio
- Generar tráfico hacia su portal de Internet o blog
- Lanzar nuevos productos

3. Conozca su cliente objetivo

Defina e investigue las características de sus posibles clientes en los medios sociales. Entre mejor los conozca, su mensaje les llegará con más efectividad.

Conteste las siguientes preguntas:

- ¿Quiénes son?
- ¿Qué rango de edad tienen?
- ¿Dónde están localizados?
- ¿Cuál es su nivel socio-económico?
- ¿Qué profesiones u oficios tienen?
- ¿Cuáles son sus gustos?

4. Especifique su forma de interactuar y el tipo de contenido que va a divulgar

Recuerde que en los medios sociales se generan conversaciones, por lo que es muy importante que sepa, de antemano, de qué manera se va a dar este intercambio y qué es lo que va a decir.

Aunque el tono de la charla depende de muchos factores, como el tipo de producto, por ejemplo, contestar estas preguntas le ayudará bastante en su estrategia, especialmente en lo relacionado con el contenido que usted compartirá:

- ¿Qué tono de lenguaje va a usar: formal o informal?
- ¿Qué tipo de contenido va a difundir: informativo, amistoso o comercial?

En el capítulo 7: **"La clave del éxito: el contenido"** encontrará más información referente a este punto.

5. Escoja los medios sociales

Si le interesó este libro es porque considera que Twitter debe estar dentro de su estrategia de "Social Media". Sin embargo, analice las demás opciones. En el capítulo 8º ¿**"Cómo complementar Twitter con otras plataformas sociales"**?, conocerá un poco más de ellas y podrá tomar una mejor decisión sobre cuáles participar.

Si quiere ampliar esta información, vaya a la Internet y revise casos de éxito de las otras plataformas sociales. La idea es que antes de empezar las conozca muy bien.

Lo más indicado es que al principio tenga un blog y presencia en Twitter. La incursión en las demás plataformas puede esperar un poco más.

6. Planifique el tiempo y el personal a cargo

Es muy importante que de antemano sepa cuánto tiempo destinará para manejar su(s) cuenta(s) en los medios sociales y quién(es) será(n) las personas encargadas de hacerlo.

En este aspecto lo ideal es que no haya mucho espacio para la improvisación, una planificación semanal de actividades, le ahorrará tiempo y aumentará sus posibilidades de cumplir sus objetivos.

7. Establezca metas

Como cualquier plan, su estrategia en "Social Media" tiene que basarse en el cumplimiento de metas a corto, mediano y largo plazo. Sea realista cuando formule los plazos y no se desanime cuando los incumpla.

Por ejemplo:

- En tres meses tener el blog funcionando perfectamente
- En cinco meses tener presencia en Facebook

- En seis meses tener 1,000 seguidores en Twitter
- En ocho meses tener presencia en Linkedin
- En un año incorporar videos en YouTube

8-Mida los resultados

Vale la pena que desde antes de implementar su plan de "Social Media" conozca cuáles son las mejores aplicaciones para hacer el monitoreo de su campaña.

Esto le servirá para seguir día a día lo que se dice de usted o su empresa y tomar, a tiempo, los correctivos pertinentes de ser necesario.

Este punto lo vamos a ver con más detalle en el capítulo 8: **"¿Cómo monitorear su imagen en Twitter?"**.

En el próximo capítulo veremos con más detalles qué es Twitter, cómo funciona y las ventajas que le ofrece a su negocio.

Capítulo 3
La fuerza de Twitter

La historia de éxito de Twitter

La historia de éxito de Twitter arranca a principios del 2006, cuando un grupo de jóvenes emprendedores empleados de Odeo Inc., una empresa de podcasting en San Francisco, California, se vio en la necesidad de reinventarse y buscar un nuevo concepto, ante la presión de la competencia de Apple y otras grandes empresas.

En una de esas extenuantes lluvias de ideas, uno de ellos, Jack Dorsey, habló sobre un servicio que usara SMS, a través de Internet, para mantener a un grupo de gente informado sobre lo que se estaba haciendo.

La simpleza del concepto cautivó al grupo y fue así como se hizo el primer prototipo. El paso siguiente fue encontrar el nombre perfecto y aunque surgieron varias alternativas, finalmente se decidieron por Twitter, que según Dorsey era ideal, pues tweet significa en inglés el trino de un pájaro, por lo que Twitter podría traducirse como "una corta ráfaga de información intrascendente".

Finalmente, después de varias modificaciones, el 21 de marzo del 2006 Dorsey envió un primer mensaje y decía "just setting up my twttr" (sólo ajustando mi twttr).

Esa misma versión fue utilizada entre los empleados de Odeo como un servicio interno, hasta que en julio del 2006 Twitter fue lanzado al público.

Al principio lo usó un grupo muy pequeño de amigos y familiares de los creadores, pero después que fuera puesto en un par de blogs muy populares, empezó a crecer y se empezó a hablar de Twitter como una nueva forma de comunicarse.

Posteriormente, aunque hubo muchos usuarios registrados, estos permanecían inactivos y no enviaban mensajes. Fue en ese momento cuando Twitter inició una estrategia de alfabetización al ofrecer una guía amigable de manejo en su página.

Según Biz Stone, otro de sus fundadores junto con Dorsey y Evan Williams, aunque Twitter tiene algunos aspectos sociales no es una red social, es más una red de información que se arma de la manera como se quiera. Tampoco es un sitio de búsqueda, por lo que no es competencia ni para Facebook, ni para Google.

El objetivo actual de Twitter es poder ampliar el número de idiomas y establecer alianzas con las empresas de celulares. Porque mientras hay alrededor de 5,000 millones de teléfonos móviles en el mundo, existen 2,000 millones de usuarios de Internet.

Lo cierto es que la trascendencia de Twitter es tan grande, que desde el 2008 ha estado presente en los grandes acontecimientos mundiales, desde catástrofes hasta elecciones y su poder sigue aumentando rápidamente.

Twitter en cifras

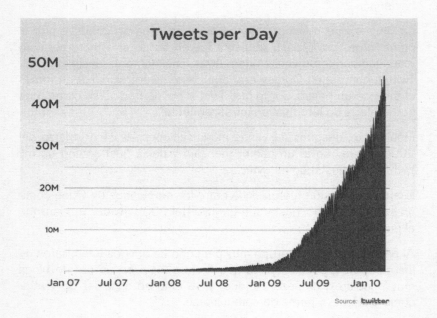

- En el 2007 tuvo 5,000 mensajes al día
- En el 2008 tuvo 300,000 mensajes al día
- En el 2009 tuvo 2'500.000 mensajes al día
- En abril del 2010 tuvo 55 millones de mensajes al día

De acuerdo a los datos divulgados en la Conferencia oficial de Twitter para programadores -Chirp- hasta ese momento, abril del 2010, este medio social tenía:

- 105'779.710 usuarios
- 300,000 personas abren una cuenta diariamente
- 180 millones de visitas únicas mensuales
- 75% del tráfico se hace fuera de twitter.com (A través de terceras aplicaciones)
- 3 billones de pedidos diarios a la API
- Entre los usuarios activos el 37 por ciento lo hace a través de su celular
- Crecimiento de un 1500% por año
- 55 millones de mensajes diarios
- 600 millones de búsquedas diarias
- 100.000 aplicaciones registradas
- La empresa pasó de 25 empleados en el 2009 a 175 en abril del 2010

¿Qué es Twitter?

Cada cual tiene su propia definición de Twitter, de acuerdo al uso que hace de él. La más común es afirmar que es un híbrido entre red social, correo electrónico y mensajería de texto —SMS—. Un concepto que funciona muy bien para quienes lo usan para expresar sus estados de ánimo, compartir su opinión sobre un tema específico o simplemente para socializar con sus amigos de la red.

Personalmente, y como periodista, creo que Twitter va mucho más allá. Twitter se ha convertido en un nuevo medio de comunicación que permite, desde una persona cualquiera hasta los medios más importantes del mundo, publicar noticias en tiempo real.

Hace poco leí un comentario en Facebook de Ricky Martin que decía: "Es increíble pero desde que estoy en twitter las noticias que salen en tv se me hacen viejas. Te pasa lo mismo?

Y a mi juicio tiene toda la razón. Quien sigue a los medios de comunicación más importantes, a través de su Twitter, tiene la información más rápidamente que cualquier otra persona; y no hay que olvidar que quien tiene la información tiene el poder.

Definitivamente, Twitter es sinónimo de instantaneidad y esa capacidad de replicar rápidamente información en tiempo real, hace que muchos mensajes aporten, en sí mismos, un contenido muy importante.

Twitter también es una excelente herramienta de mercadeo de doble vía para las empresas. Por un lado les da la posibilidad de ofrecer sus productos y promociones y por otro tener la retroalimentación de sus clientes y así brindar un buen servicio al cliente. Tal y como lo hizo Whirpool conmigo, cuando se dio cuenta que yo estaba inconforme, ¿Recuerda el caso en la introducción del libro?

Por ello Twitter es, de lejos, el servicio más exitoso de "microblogging" disponible y quienes trabajan en mercadeo necesitan conocerlo y aprovecharlo.

Para los consultores y profesionales independientes, Twitter es un instrumento indispensable para conocer a su competencia, tener visibilidad y especialmente, vender sus servicios de la mejor manera posible.

Por otra parte, las celebridades y los artistas han encontrado en este medio social, un canal importantísimo para conectarse con sus seguidores instantáneamente.

Twitter también funciona muy bien para los políticos, quienes lo aprovechan para difundir su mensaje masivamente a un costo muy bajo.

¿Cómo funciona Twitter?

La estructura de Twitter es muy sencilla y el servicio es gratuito. A través de la página de internet www.twitter.com, usted abre una cuenta desde la cual puede enviar o recibir mensajes o "tweets", en tiempo real, es decir instantáneamente.

Estos mensajes tienen un límite de 140 caracteres –con espacios–, y pueden ser públicos o privados. En estos caracteres se pueden incluir enlaces, fotos, audios, videos, mapas y/o texto.

En este juego hay tres tipos de participantes: Usted, quienes lo siguen y aquéllos a quien usted decide seguir. La forma de comunicación de todos es a través de mensajes y el medio es un canal abierto y público llamado Twitter.

Si bien es importante seguir a un número considerable de usuarios, el principal objetivo es crear una sólida base de seguidores, pues solamente ellos recibirán sus mensajes.

Cabe aclarar que aunque se trata de conseguir un gran número de usuarios, no es tan importante cuántos sean, sino qué tan beneficiosos lleguen a ser para usted y su negocio.

En Twitter también puede enviar y recibir mensajes directos privados y puede bloquear sus mensajes para que solamente los vean las personas que usted quiere.

Twitter dispone de una API (una interfaz de programación de aplicaciones) abierta, que permite integrar la Internet con los teléfonos celulares vía SMS o a través de programas de mensajería instantánea o incluso desde cualquier aplicación de terceros, como Facebook, Tweetie y Twinter, entre otros.

Las ventajas de Twitter para su negocio

La diferencia entre una cuenta de Twitter personal y una empresarial es que mientras en la personal se construye una red de usuarios amigos y se comparte con ellos un contenido de interés social, la empresarial tiene obviamente, objetivos comerciales.

Algunas de las ventajas que Twitter ofrece a los empresarios son:

* Acceso gratuito, sencillo e instantáneo 24/7, que le permite conectarse con los usuarios de sus productos o servicios y establecer así una relación más cercana con ellos.
* Conocer sus necesidades, para así poderlas satisfacer de la forma más adecuada posible. Esto tiene un efecto multiplicador, pues cada vez tendrá un mayor número de seguidores, lo que redundará en considerables beneficios para usted a un costo mínimo.
* Estar al tanto de lo que está haciendo la competencia, quiénes son sus seguidores y a quiénes sigue, además de la forma como está manejando su cuenta en Twitter. Recuerde que quien tiene la información, tiene el poder.

- La opción de hacer lanzamiento de productos de una manera mucho más rápida y efectiva en comparación con otros canales.

- Twitter le da la posibilidad de ofrecer regalos, cupones, descuentos y rebajas en sus productos.

- A través de su página puede promocionar eventos, conferencias, campañas y cursos que vaya a llevar a cabo en su empresa.

- Soporte al departamento de servicio al cliente de su empresa y así puede monitorear frecuentemente el comportamiento de su producto o servicio.

- Realización de encuestas informales sobre temas y productos. Probablemente el rigor científico de estos sondeos no sea muy alto, pero puede ser una buena aproximación sobre lo que le interesa a la gente, a un costo mínimo para el empresario. Esto lo veremos con más detalle en el capítulo 12: **"Encuestas, Promociones y Concursos"**.

- Apoyo al departamento de relaciones públicas. Twitter le puede ayudar con los comunicados de prensa y demás información que usted quiera divulgar lo cual, puede hacer a través de este medio y seguramente tendrá más efectividad que los métodos tradicionales, como las llamadas telefónicas a los medios para que publiquen una nota de prensa.

- Twitter también funciona muy bien en la comunicación interna de su empresa, al punto que se puede llegar a convertir en el mejor medio para comunicarse con sus empleados.

- Contratación de personal especializado para su empresa. Supongamos que hay alguien que usted quiere llevar a trabajar con usted. Con revisar sus mensajes en este medio, podría darse cuenta de cómo se siente con su trabajo actual y llamarlo.

- Twitter también le permite conocer de antemano información de una empresa o individuo que sea de interés para usted o para su empresa. A través de las conversaciones de esos usuarios, usted puede acceder a información que antes hubiera sido muy difícil conseguir.

Twitter y su nicho

Seguramente uno de sus objetivos empresariales, planteados en el plan de "Social Media" que vimos en el capítulo 2, debe ser crear y posesionarse en un nicho de mercado.

Este es uno de los puntos más importantes de su la estrategia. En Estados Unidos, por ejemplo, Twitter se ha convertido en un canal fundamental para los anunciantes con un "target" multiétnico. Según datos de la revista eMarketer, con base en un estudio realizado por Edison Research, los hispanos representan el 17 por ciento de los usuarios de Twitter en ese país.

Este mismo estudio destacó que los usuarios de Twitter son mucho más propensos a seguir a una marca o declarar su gusto online y según los análisis y proyecciones de eMarketer, este mercado puede suponer hasta 26 millones de usuarios sólo en Estados Unidos para finales de 2010.

Y aunque no todos los políticos son empresarios, ni todos los empresarios son políticos, las ventajas enunciadas anteriormente se pueden aplicar a los políticos. Por lo que cada vez esta herramienta es más popular entre quienes aspiran a subir o mantenerse en el poder.

Basta ver casos como los del presidente de Estados Unidos, Barack Obama, quien escribe un mensaje casi diariamente y en julio del 2010 tenía más de cuatro millones y medio de seguidores o el del presidente de Venezuela, quien una semana después de abrir la cuenta tenía alrededor de 200,000 seguidores, algo que según él mismo ha dicho, no se lo esperaba.

Debido a que el principal objetivo de este libro es mostrarle la forma de poner a trabajar a Twitter al servicio de su negocio, vamos a centrarnos en los pasos para abrir una cuenta con un enfoque netamente profesional que le sirva tanto a empresarios como a quienes están creando su propia marca personal en la red.

Antes de abrir la cuenta, procure que su página de Internet, ya sea como empresa o como individuo, esté funcionando adecuadamente. Este será el lugar en el cual los usuarios de Twitter acudirán para ampliar la información sobre usted y/o negocio.

Si aún no tiene una página de Internet, ni presupuesto o tiempo para hacerla o mantenerla, opte por un blog. Algunos de los más populares son: Blogger.com y WordPress.com, ambos son gratuitos y muy fáciles de usar.

Además, es indispensable que una vez esté posesionado en Twitter, abra una cuenta en otras redes sociales como Facebook y linkedin, para que las pueda integrar. Esto lo veremos en detalle en el capítulo 8: ¿**"Cómo complementar Twitter con otras plataformas sociales"**?

Nota: si ya tiene una cuenta personal en Twitter, es mejor que abra una cuenta empresarial, pero nunca las mezcle. Seguramente a sus clientes o proveedores no les interesará saber que usted tiene pereza de ir a la casa de sus suegros el domingo por la tarde o que está viendo un partido de fútbol.

Es el momento de empezar a implementar su plan de acción en Twitter y en el próximo capítulo vamos a ver la manera de hacerlo.

Capítulo 4
¿Cómo implementar su plan de acción en Twitter?

Ya tiene los conocimientos básicos de "Social Media", es el momento de lanzarse a la aventura de implementar su estrategia en Twitter.

1. Los primeros pasos para abrir una cuenta

Abrir una cuenta en Twitter es muy sencillo, además recuerde que podrá hacerlo en español.

- **Vaya a www.twitter.com**

2. Escoja el idioma

Antes de abrir la cuenta tiene que saber en qué idioma lo va a hacer. En la actualidad puede hacerlo en inglés, italiano, japonés, alemán, francés y español.

Si los usuarios de sus servicios son iberoamericanos, lo mejor es que la abra en español. Todas las referencias y recomendaciones que Twitter realiza en este idioma son con base en los usuarios hispanos.

Sin embargo, si tiene también compradores en Estados Unidos u otros países con una lengua distinta al español, lo mejor es que cree otra cuenta similar, no sólo en el otro idioma, sino enfocada a ese público en particular.

Tenga presente que hay muchos más usuarios de Twitter en inglés que en español, por lo que las posibilidades son mucho más amplias en ese idioma.

Nota: En lo posible escriba siempre los mensajes en el mismo idioma.

En la parte inferior derecha va a ver la opción de lenguaje, por favor escoja español.

Adicionalmente, esa página le va a mostrar los "top tweets" o los mensajes más destacados de última hora. Todavía no está claro con qué criterio los escogen, pero es un buen ejercicio leerlos unos minutos antes de abrir su cuenta. Igualmente me gustaría que viera lo que dice acerca de Twitter para empresas, que está ahí mismo.

3. Abra la cuenta

Cuando usted cambie el idioma, inmediatamente va a ver que la página completa pasó de inglés a español.

Vaya a "**Regístrate ahora**" en la que le preguntarán:

- **Nombre completo:** Use su nombre verdadero.
- **Nombre de usuario:** Este es uno de los aspectos más importantes de su cuenta, porque va a ser su marca personal dentro de Twitter y lo que podría marcar la diferencia. Es como escoger el nombre para un dominio de Internet.

  Cabe destacar que en cualquier momento lo puede cambiar; sin embargo si puede evítelo, especialmente si ya tiene una lista de seguidores importante.

  Recuerde que su nombre de usuario siempre va a estar precedido del símbolo @, como @shakira.

Nota: Twitter admite varias cuentas por usuario, por lo que es mejor que registre su nombre o el de su empresa (hasta el de cada producto que tenga), antes que alguien se le adelante.

Su nombre de usuario debe ser:
- Corto (tiene un límite de15 caracteres)
- De fácil recordación
- Asociado a usted y/o a su negocio

Evite:
- Combinar su nombre con números, Ricardo999, pues esto le resta seriedad a su perfil

- Utilizar un nombre muy largo, que dificulte su recordación
- Colocar un punto o un guión medio o bajo en su nombre, porque va a ser más difícil escribirlo.
- Usar adjetivos como productivo, trabajador o amistoso.

Algunas sugerencias:

- Su nombre completo: @Barackobama
- El nombre completo de su empresa: @Time
- El nombre de su empresa y su localización: @Airescolombia
- Una variación de su nombre: @Montanertwiter
- Una combinación de su nombre y el de su empresa: @Carlosvision
- Una combinación de su nombre y de la industria en la cual se mueve: @Claudiapublicidad

4. ¿Cómo verificar su cuenta de Twitter?

Si usted es un político, artista, personaje famoso o tiene una marca popular, Twitter le da la posibilidad de verificar su cuenta, con lo que confirmará ante los usuarios que su cuenta es auténtica ¡Las cuentas con un ✅ son de verdad!

Este es el enlace al que debe acceder:

http://twitter.com/help/verified

Si usted no encaja dentro de ninguna de esas categorías, la mejor forma de verificar su cuenta es promoverla desde su blog o su web, colocando un enlace a su cuenta de Twitter, con lo que le dirá a sus usuarios que esa y no otra, es su cuenta oficial en este medio social.

También puede tratar de verificar su cuenta con Twitter cuando ya tenga un número muy importante de seguidores y/o sospeche que su cuenta ha sido intervenida por otras personas.

- **Contraseña:** Debe ser de 6 o más caracteres, siga la recomendación de siempre y combine letras con números; además tenga en cuenta que por tratarse de una cuenta empresarial, entre menos personas conozcan esa contraseña, más se maximizará la seguridad de la misma.

- **Correo electrónico:** Escriba el correo electrónico que más usa, pues es donde le llegarán todas las notificaciones y cambios de su cuenta. Abajo encontrará la siguiente opción y nota: deje que otros me encuentren por correo electrónico

Nota: La dirección de correo electrónico no será mostrada en público. Lo mejor es dejar que le encuentren a través del correo electrónico, por lo que recomiendo marcar esta opción.

Crear la cuenta

Y después de leer las condiciones generales, oprima **Crear la cuenta**.

5. Configuración

En este momento lé va a salir una nota sobre lo que debe hacer ahora. Mi consejo es que antes de mandar un mensaje o seguir a alguien vaya directamente a **Configuración**, en la parte superior derecha.

Inicio Perfil Buscar Gente **Configuración** Ayuda Cerrar sesión

Luego seleccione la cuenta. Y debe estar su nombre, el del usuario y el correo electrónico escritos y elegido el español como idioma.

Cuenta Contraseña Móvil Avisos Perfil Diseño Conexiones

Adicionalmente siga los siguientes pasos:

* Zona horaria: Escoja la de la ciudad en la que vive.
* Ubicación: Con esta aplicación puede mostrar el sitio geográfico desde donde escribe sus mensajes. La puede activar o desactivar en cualquier momento.
* Privacidad: Le da la opción que sus mensajes solamente los vean sus amigos. Yo no estoy de acuerdo con chequear esta alternativa, porque limita la visibilidad de sus mensajes y eso en una cuenta empresarial es contraproducente.

Nota: No se olvide de guardar la información con todos los cambios que ha realizado; al hacer click en "Guardar" le pedirá que digite su contaseña para hacer efectivos los cambios.

6. Complete la información de su perfil

Después vuelva a configuración, en la parte superior derecha y seleccione la opción de perfil.

Cuenta   Contraseña Móvil   Avisos   **Perfil**   Diseño   Conexiones

Aunque Twitter lo invitará a contar qué es lo que está haciendo a través de su primer mensaje, mi consejo es que antes de empezar a seguir a otros usuarios tenga completa la información de su perfil.

La razón es porque en Twitter todas las cuentas se ven iguales, por lo que es necesario hacerle una personalización a la suya que desde el primer momento atraiga a seguidores. Recuerde que su perfil será una de las más importantes herramientas de mercadeo para sus productos o servicios.

a. Imagen

Es una parte fundamental de su página, es la forma en que los usuarios le encontrarán y le reconocerán ahora y en el futuro.

HubSpot, una empresa desarrolladora de software, hizo un estudio con 9 millones de perfiles en Twitter, y concluyó que las cuentas con una imagen en su perfil tienen, en promedio, diez veces más seguidores que las personas que no tienen puesta su imagen.

Además, las cuentas sin imagen, por lo general, suelen ser confundidas por los usuarios con spam (información no solicitada enviada por Internet en cantidades masivas, generalmente de tipo comercial).

Identifíquese, ya sea con una foto suya si es profesional, o con una foto o logo relacionado con su empresa y siga los siguientes parámetros:

- Tome su tiempo para revisar las imágenes de otros usuarios, escoja la que más le gusta y trate de imitarla.
- Si es una foto suya debe ser un "close-up" que le haga reconocible.
- La imagen debe lucir profesional y provenir de una buena cámara, olvídese de esas fotos tomadas con celular o computador.
- No se tome la foto usted mismo, pues se notará la improvisación.

- Trate que el fondo sea claro, preferiblemente blanco, y que no haya ningún elemento de distracción.

- Mire directamente a la cámara, puede hacerlo sonriendo.

- Use la ropa con la que usualmente se viste para su trabajo.

- Nunca utilice la foto de su mascota o de su personaje favorito, eso lo hará ver infantil y por ende poco profesional.

- El tamaño máximo es de 700 K y puede ser en los formatos JPG, GIF y PNG.

b. Nombre

Como ya lo había mencionado debe utilizar su verdadero nombre o como quiere que se le conozca dentro de Twitter.

c. Ubicación

El tema de la localización geográfica también es muy importante. Lo primero que debe hacer es establecer si sus productos o servicios están relacionados con el área en que vive. En algunos casos es recomendable ser muy específico, pues algún usuario podría tomar la decisión de seguirlo con base en el lugar donde usted se encuentra, con el interés de ampliar su radio de acción. Sin embargo en otros la localización podría hacer pensar a los probables usuarios que su trabajo solamente se limita al lugar en el que está localizado.

d. Web

Incluya un link, bien sea en su página de Internet o en su blog. Esto es indispensable para que los usuarios que quieran saber más sobre su empresa, producto o servicios, puedan hacerlo fácilmente. Además le da seriedad a su imagen, lo que contribuirá a conseguir más seguidores.

Si tiene una página y un blog, escoja uno de ellos para el perfil, pues sólo hay espacio para un enlace.

e. Biografía

A la hora de escribir la información en su biografía trate de seguir las siguientes recomendaciones:

- Use información relevante sobre su empresa o su carrera profesional.

- No se promocione como un experto a menos que lo sea.

- Recuerde que tiene un máximo de 160 caracteres, incluyendo los espacios.

- Sea lo más descriptivo posible y recuerde que las palabras que use se convertirán en "Keywords" o palabras claves (términos de búsqueda que los usuarios de Internet usan en los buscadores para encontrar información)

- Haga que su producto, marca o servicio sea interesante.

- Escriba el texto de la manera más profesionalmente posible, sin errores gramaticales ni ortográficos.

- Debe tener dos o tres frases.

- La última frase puede tener algún elemento divertido.

Un ejemplo de una biografía para un médico sería: "Oftalmólogo experto en cataratas y cosmética facial, a quien le gusta que sus pacientes se sientan más jóvenes".

Nota: Actualice su biografía las veces que sea necesario, de acuerdo a lo que esté trabajando en el momento. Esto le ayudará a los usuarios, especialmente a los nuevos, a entender mejor sus mensajes, por ejemplo en el caso del mismo médico:

"Alejandro Espaillat, oftalmólogo experto en cosmética facial operando ahora pacientes con láser que quita arrugas alrededor de los ojos".

En el caso de un artista, sería aún más conveniente estar cambiando la biografía. Si está grabando un nuevo disco, debería decirlo en ésta y en sus mensajes contar cómo se están desarrollando las grabaciones, lo que creará un efecto promocional muy fuerte.

Recuerde que la diferencia entre un "Tweet" o mensaje y la biografía, es que en el primero usted dice lo que pasa en ese momento, mientras que en aquélla usted puede describir lo que está haciendo en un período más largo de tiempo, que puede ser de días, semanas o meses.

7. Algunos ejemplos de perfiles:

- Nombre: Bill Gates
- Ubicación: Seattle, WA
- Web: http://www.thegatesnotes.com/
- Biografía: sharing cool things I'm learning through my foundation work and other interests… (compartiendo cosas chéveres estoy aprendiendo a través de mi trabajo en mi Fundación y otros intereses).

- Nombre: Andrés López Forero
- Ubicación: Bogotá, Colombia
- Web: http://www.andreslopez.com/
- Biografía: Colombian Comedian Ven sellito arriba? este perfil es oficial. Bregamos pero se logró! La Pelota de Letras Me Pido la Ventana con Frutica Picada Gol Diferencia.

- Nombre: Multiphone
- Ubicación: USA - 1 (866) 870-0014
- Web: http://www.multipihone.com
- Biografía: Servicios de Larga Distancia sin pines y sin contratos, Paga sólo por lo que hables. 100% garantizado. Llámanos y pruébalo Gratis!!

- Nombre: Jorge Ramos
- Ubicación: Miami
- Web: http://www.jorgeramos.com/
- Biografía: Escritor, inmigrante, periodista, conductor de Al Punto y Noticiero Univisión. Colaborador de Univision.com (Más en www.jorgeramos.com).

- Nombre: Barack Obama
- Ubicación: Washington, DC
- Web: http://my.barackobama.com/page/content/ ofasplash2010
- Biografía: 44th President of the United States.

- Nombre: Adolfo Salgueiro
- Ubicación: Florida
- Biografía: Adolfo is a communications professional with 20+ years of experience currently working in real estate and a huge baseball fan.

8. Cambie el diseño fondo o background

El diseño y los colores de su página son los puntos más importantes de la misma y harán que sobresalga.

En la parte de configuración encontrará estas alternativas:

Cuenta Contraseña Móvil Avisos Perfil **Diseño** Conexiones

Después de ir a diseño hay dos opciones: cambiar la imagen de fondo y cambiar los colores de diseño.

Cambiar el tema de fondo

Es importante insistir en este concepto, pues necesita diferenciarse del resto de usuarios.

Trate de usar un fondo que se asemeje.

Si tiene un blog o una página web, trate de usar los mismos colores, logos y formato, para que haya uniformidad y su página de Twitter se vea más profesional y coherente.

Twitter, por su parte le brinda algunas alternativas en las que puede cambiar imágenes, colores del fondo y letras.

Si ninguna de esas posibilidades le convence y quiere ir más allá, le recomiendo descargar imágenes para el fondo de su página en estos sitios, en algunos de ellos es gratis y en otros hay que pagar un costo que empieza en U$ 75.

http://twitpaper.com/

http://www.colourlovers.com

www.twitter.backgrounds.com

www.twibacks.com

www.twitrounds.com

www.twitter-images.com

Si después de revisar estas opciones no le gustó ninguna o no es muy experto en navegar por esas páginas de diseño, le recomiendo que tome una de las fotos de su archivo, sea de usted, de su producto o su ciudad favorita y la convierta en su fondo. Eso hará que su página de Twitter sea única.

Estos son algunos ejemplos:

- Pilar Marredo, una colega periodista venezolana que vive en Los Ángeles, escogió una foto de su natal Caracas de fondo: **@pilarmarredo**
- El fondo de esta página también me gusta mucho, porque es como con muchos sabores y colores, haciendo alusión al nombre del usuario: **@socialmediaeat**
- Otro ejemplo es el del presentador de noticias colombiano en Nueva York, Víctor Javier Solano, quien escogió un fondo con su fotografía **@victorjsolano**

Cambiar los colores de diseño

La selección de colores es primordial en su página de ahí la importancia de escogerlos adecuadamente, pues es un valor agregado muy importante. No olvide que una de las características más importantes que su página de Twitter debe tener es la claridad. De nada le servirá un diseño espectacular, si no es legible.

Hay cinco opciones

- **Fondo o "background"**

  Estará determinado por el que haya escogido de cualquiera de las opciones sugeridas anteriormente.

- **Texto**

  En lo posible trate de utilizar negro o algún color oscuro para las letras.

- **Enlaces o "links"**

  Normalmente los links van en azul, porque ya los usuarios de Internet están acostumbrados a ese color. Cambiarlo podría confundirlos, hacer que se perdieran sus clicks y por ende probables ventas.

- **Barra lateral o "side bar"**

  Debe ir de un color un poco más claro que el usado en la letra del texto, como por ejemplo gris, si es que trabajó el negro en el texto.

Este es un buen lugar para complementar el diseño de su imagen de fondo, debe haber armonía.

- **Borde de la barra lateral o "side bar border"**

  Este color tendrá gran visibilidad en su página. Escójalo de acuerdo al diseño inicial, aunque la mejor opción es un color oscuro. Recuerde que debe haber concordancia entre los colores de la barra lateral y el borde de la barra lateral.

Nota: Recuerde que su página en Twitter es un todo. La idea es que una vez los usuarios la vean, se genere una acción de su parte y decidan seguirlo.

Ya su cuenta está abierta y personalizada. Es el momento de conocer el lenguaje que se maneja alrededor de Twitter y ese es el tema de nuestro próximo capítulo.

Capítulo 5
El Lenguaje de Twitter

Alrededor de Twitter y su uso ya hay todo un lenguaje. Conocerlo y manejarlo adecuadamente puede hacer la diferencia entre tener éxito o no en su estrategia con este medio social.

Notará que aunque su página está en español, hay varias palabras en inglés, por lo que es necesario se familiarice con los términos más usados en ambos idiomas.

Las palabras y expresiones más usadas

Estas son algunas de las palabras y expresiones más usadas en Twitter. Muchas de ellas son creación de los propios usuarios, que después fueron incorporadas por la comunidad de Twitter.

- **¿Qué está pasando?** (¿What's happening?)

  Es el espacio en el que debe escribir su tweet.

- **Tweet**

  Es el mensaje escrito en Twitter y tiene un límite de 140 caracteres —incluidos espacios.

- **Retweets**

  Son los mensajes reenviados a otros usuarios, la mayoría de las veces por poseer un contenido interesante.

- **Retwittar** (Retweet)

  Es la acción de los retweets, su forma abreviada es RT.

- **El símbolo @**

  Va antecediendo el nombre de un usuario, por ejemplo: @anamjaramillo. Se usa cuando se quiere responder a alguien o si se desea enviar algún mensaje a través de Twitter.

- **Siguiendo** (Following up)

  Son los usuarios que usted decide seguir y de quienes recibirá los tweets o mensajes en su timeline.

- **Timeline**

  Es la lista de tweets que publican los usuarios que usted sigue, por orden cronológico, para muchos no es más que su página principal de Twitter.

- **Seguidores** (followers)

  Son los usuarios que le siguen y quienes leen los tweets que usted escribe.

- **Mensajes directos, DM** (Direct Messages)

  Son mensajes privados y sólo puede verlos la persona que los recibe. Solamente puede enviarlos a sus seguidores. La letra **D** es usada para enviarle mensajes directos a alguien D@anamja-ramillo, por ejemplo.

- **API de Twitter** (Application Programming Interface)

  Los programadores usan la API de Twitter para hacer las aplica-ciones, sitios web, los widgets, y otros proyectos que interactúan con Twitter.

- **Widgets**

  Es una pequeña aplicación o programa, usualmente presentado en archivos o ficheros pequeños, que puede interactuar con ser-vicios e información distribuida en Internet. Un ejemplo de Widget, es la ventana con información del clima en su ciudad, que puede tener en la pantalla de su computadora.

- **Etiquetas, Palabras Clave #** (Hashtags)

  Se usan dentro de un mensaje cuando se quiere referir a un tó-pico específico. El fin es que el mensaje pueda ser encontrado por otros usuarios cuando hagan una simple búsqueda de esta etiqueta en la barra de búsqueda del Twitter. El símbolo # va an-tecediendo la palabra clave. Por ejemplo: "**#España Campeón**, eres el mejor"

  Al escribir el símbolo de # antes de España, cualquier usuario que busque los Tweets con el tema de España, podrá verlo.

- **Follow Friday**

  Todos los viernes se acostumbra a recomendar una serie de usuarios que se consideran interesantes. A esta actividad se le llama FollowFriday, siendo identificada por la etiqueta #ff o #followfriday.

- **Geek**

  Es una persona que comparte una gran fascinación, quizás obsesiva, por la tecnología e informática.

- **IM**

  Significa mensaje instantáneo, es decir, mensajería instantánea como Messenger, por ejemplo.

- **Spam**

  Información no solicitada enviada por Internet en cantidades masivas, generalmente de tipo comercial

- **Tweetup**

  Es una reunión no virtual organizada a través de Twitter. Usualmente lleva el nombre de la ciudad donde se lleve a cabo el encuentro y es una herramienta muy usada por las empresas.

- **Tiempo real**

  Se refiere a lo que está pasando en ese mismo momento.

Conozca su página de Twitter a cabalidad

A continuación revisaremos las palabras y expresiones presentes en su página de Twitter, tanto las que aparecen en la esquina superior como en la columna derecha.

La esquina superior derecha de la página:

Inicio Perfil Buscar gente Configuración Ayuda Cerrar sesión

- **Inicio:** Le lleva a su página principal de Twitter
- **Perfil:** Le muestra la página que los demás usuarios van a ver de usted cuando le busquen.

- **Buscar gente:** El objetivo es encontrar a los usuarios que le interesan. Está dividido en cuatro categorías.

  1. **Navega las recomendaciones:** Twitter le da la opción de buscar las cuentas que más le gusten, entre varios tópicos sugeridos, como deportes, música, etc.

  2. **Encuentra amigos:** la idea es saber si sus amigos están en Twitter.

  3. **Invitar por correo electrónico:** Mandarle a sus amigos un mensaje elaborado por Twitter invitándolos a que abran una cuenta allí.

  4. **Buscar en Twitter:** Es el más utilizado, puede encontrar gente, organizaciones o compañías que sepa o sospeche que tienen cuenta en Twitter.

- **Configuración:** Es el lugar donde podrá personalizar y manejar su cuenta en Twitter. Está dividido en siete categorías.

  1. **Cuenta:** Verá allí su nombre de usuario, su correo electrónico, el idioma en que quiere su página, etcétera.

  2. **Contraseña:** Le da la posibilidad de cambiar su contraseña en cualquier momento.

  3. **Móvil:** Le da la opción de conectar su teléfono celular con Twitter, revise si su país tiene este servicio porque no todos lo tienen.

  4. **Avisos:** Le pregunta si quiere recibir notificaciones por correo electrónico cuando alguien le sigue, recibe un mensaje directo de un usuario y acerca de las novedades de Twitter.

  5. **Perfil:** Podrá subir su imagen, poner el nombre con el que quiere que le reconozcan, su ubicación, el enlace a su página web o blog y su biografía.

  6. **Diseño:** Con esta opción puede cambiar la imagen de fondo o los colores del diseño, incluidos los enlaces y el texto, de su página de Twitter.

  7. **Conexiones:** Es la lista de las aplicaciones autorizadas para acceder a su cuenta de Twitter. Cada vez que usted monitorea su marca o hace una encuesta, por ejemplo, utiliza una aplicación a la que le ha permitido acceso a su cuenta y aquí aparece ese inventario. En cualquier momento y desde aquí, puede revocar cualquier aplicación.

- **Ayuda:** Lo lleva al centro de ayuda de Twitter. Cuando cambie el lenguaje de inglés a español, le aparecerá una página dividida en tres categorías.

  1. **Primeros pasos:** Le ayuda con dudas con el inicio de la cuenta.

  2. **¿Problemas?:** Le da soluciones cuando algo no funciona bien.

  3. **Reporta violaciones:** No sólo puede reportar una cuenta como spam, sino conocer más sobre la privacidad y las reglas que maneja Twitter.

- **Cerrar sesión:** Si está en un computador público es indispensable que cierre la sesión siempre desde aquí, para evitar que su cuenta quede abierta y sea utilizada por otras personas.

La columna derecha de la página:

Vamos a suponer que estos son datos de su página:

- **664 tweets:** Significa el número de mensajes que usted ha enviado hasta ese momento, desde que abrió su cuenta en Twitter. Recuerde que, a menos que sus tweets estén protegidos, estos son públicos y cualquiera que entre a Twitter los podrá leer.

- **207 Siguiendo:** Quiere decir el número de usuarios a los que usted está siguiendo.

- **479 Seguidores:** Es el número de usuarios que le siguen a usted.

- **24 Listas:** Cada usuario tiene la opción de clasificar en listas a las personas a las que sigue, pues bien este dato significa el número de listas en las que usted se encuentra.

- **@earlybird:** Servicio lanzado por Twitter que ofrece al usuario ofertas y descuentos exclusivos de productos de empresas asociadas con este medio social. Lo único que tiene que hacer es seguir la cuenta de @earlybird en Twitter. Verifique si este servicio se presta para su país.

- **@sunombre:** Al oprimir aquí tendrá la oportunidad de ver todos los tweets que lo mencionan a usted en orden cronológico.

- **Mensajes directos:** Ya vimos lo que significan. Aquí va a tener tres opciones: Escribir un mensaje directo, ver los mensajes que le han llegado, y los que ha recibido.

- **Favoritos:** Cuando usted lee un tweet hay una estrella blanca a su lado, que al oprimirla se vuelve amarilla; al hacerlo habrá seleccionado ese tweet dentro de sus favoritos. Pues es en esta pestaña donde los encontrará por orden cronológico.

- **Retweets:** Es una lista con todos los retweets que han aparecido en su página. Está dividido en tres: Los retweets de otros, los suyos y sus retweets que fueron retwitteados por otros. Parece un trabalenguas pero verá que es sencillo.

- **Buscar:** Este es el motor de búsqueda de Twitter, el cual cada vez consigue más adeptos. Solamente necesita escribir una palabra o una frase clave, para que le salgan los últimos tweets relacionados con ese tema.

- **Listas:** Aquí aparecen las listas que usted ha creado para organizar tanto a los usuarios que sigue, como a los que lo siguen a usted. Tiene dos opciones: Crear una nueva lista y ver todas las listas.

- **Temas del momento (Trending Topics):** Hace referencia a los tópicos más coyunturales del momento, según Twitter. Tiene la opción de cambiar el país o la ciudad, para que le aparezcan los temas más populares en ese lugar o dejarlo con la opción del mundo.

- **Siguiendo:** Le mostrará la imagen de todos y cada uno de los usuarios que usted sigue, y tiene la opción de minimizarla.

La estructura de cada mensaje la veremos en el capítulo 7: **"La clave del éxito: el contenido"**.

Nota: Cuando tenga dudas acerca del significado de un término que no esté incluido aquí, vaya a www.glosariodigital.com

Nuestra siguiente aventura, en el próximo capítulo, será la construcción de su red de seguidores, cómo conectarse con ellos y mantenerlos de su lado.

Capítulo 6

¿Cómo construir su red de seguidores, conectarse con ellos y mantenerlos a su lado?

En este momento, ya tiene su cuenta abierta, su perfil establecido y conoce el lenguaje que se maneja en Twitter. Ahora puede iniciar una de las partes más importantes de esta aventura de poner a Twitter a trabajar para su negocio y/o su marca personal: La construcción de su propia red de seguidores.

Un vistazo a los más populares[1]

Ya hemos visto el impresionante crecimiento de Twitter y aunque los usuarios con mayor número de seguidores están en las páginas en inglés, las páginas en español o de figuras hispanas, no se quedan atrás.

- Britney Spears 5'139,972 (la número uno en seguidores de Twitter)
- Shakira 2'068,741
- Ricky Martin 1'282,975
- Juanes 901,762
- Alejandro Sanz 609,242
- Paulina Rubio 497,183
- Ricardo Montaner 271,590
- Fonseca 218,056

A ellos, como a todos los artistas les conviene tener muchísimos seguidores, no importa quiénes sean. Lo que cuenta es que sean leales, compren sus discos y vayan a sus conciertos.

---

1. Números para 12 de julio del 2010

Ahora miremos una lista de algunos presidentes y políticos presentes en Twitter:

- Barack Obama 4,530,260 seguidores
- Hugo Chavez 655,304
- Alvaro Uribe 77,960
- Felipe Calderón 61,353

A ellos tampoco les importa mucho la calidad de sus seguidores, siempre y cuando voten por ellos y/o convenzan a otros de hacerlo.

Twitter también funciona muy bien con empresas de distinto tamaño, cuyas historias de éxito analizaremos con más detalle en el capítulo 11. Algunos ejemplos son:

- Zappos 1'708,185 seguidores
- Dell Outlet 1´558,749
- Dunkin' Donuts 54,594
- Best Buy 32,029
- Aires Colombia 5,897

Otras figuras presentes en Twitter:

- Oprah Winfrey 3'787,114
- Bill Gates 1'128,101
- Paulo Coelho 560,628
- Dalai Lama 516,474
- Juan Pablo Montoya 165,241
- Andrés López 101,556
- Jorge Ramos 27,438

Si quiere ver las 100 personas o empresas más seguidas en Twitter, le recomiendo:

http://twitaholic.com/

Aquí, no sólo verá la relación entre seguidores y seguidos, sino también el número de tweets y el tiempo que llevan en Twitter.

¿Cuántos seguidores es normal tener?

Para las figuras públicas, sea cual sea el medio en que se muevan, no es difícil conseguir seguidores en Twitter o en cualquier otro escenario de "Social Media". No importa qué tan heterogéneo sea el grupo, la admiración por los famosos es un poderoso punto en común, no sólo para seguirlos sino para establecer conversaciones alrededor de ellos y crear así comunidades.

Sin embargo, para las personas del común, lo usual es alcanzar cifras muy inferiores. Según un estudio de Sysomos, una empresa de análisis de "Social Media", solamente el 1 por ciento de los usuarios de Twitter tiene más de 700 seguidores.

Otro sondeo, realizado por RJMetrics y publicado en diciembre del 2009, reveló que la media de seguidores es de 27. Esta cifra está aumentando, pues cada vez hay más usuarios convencidos del poder de Twitter, que están trabajando para poder beneficiarse del mismo, lo que redunda en un incremento del número de seguidores.

Definitivamente, si quiere elevar estos números de manera exponencial, la clave está en convertirse en un "twittero" proactivo, publicar mensajes interesantes y entablar verdaderas conexiones con otros usuarios.

Con base en su tipo de negocio, usted podrá escoger entre tener una gran cantidad de seguidores, no importa quiénes sean y el interés que tengan en su producto, o un número más reducido, pero mucho más selecto e interesado en lo que usted promueve. Es decir, la eterna disyuntiva de cantidad versus calidad.

Nota: Es importante que tenga en cuenta que Twitter no es un canal de ventas directas, sino un medio para ampliar el alcance de su negocio o marca personal y darle más visibilidad.

Tipos de seguidores

Hay dos clases de seguidores:

- Los que comparten un contenido interesante con los demás usuarios.
- Aquellos que simplemente escriben lo que están haciendo o pensando hacer en ese momento y nada más.

Con base en su tipo de negocio, busque un balance entre la cantidad y la calidad de los usuarios que usted quiere que lo sigan. De todas maneras, le daré algunas claves para los dos escenarios posibles: Cantidad y cantidad-calidad.

Estas recomendaciones son válidas para ambas opciones:

- Busque usuarios en sus listas de correo electrónico como Gmail, Yahoo, AOL etc, e importe sus contactos de allí. Si usted tiene una buena base de datos de clientes y proveedores, definitivamente va a ser un buen comienzo enviarla a Twitter. Esta opción aparece cuando está creando la cuenta, sin embargo, en cualquier momento la puede retomar.

Inicio Perfil Buscar gente Configuración Ayuda Cerrar sesión

Navega Las Recomendaciones Encuentra Amigos Invitar Por Correo Electrónico Buscar En Twitter

- Aproveche sus perfiles en otras plataformas sociales. Invite desde allí a sus amigos a seguirlo en su nueva cuenta de Twitter.
- Si tiene un blog mencione en él que tiene Twitter y pegue su cuenta para que desde allí puedan seguirlo.
- Adicione su dirección de Twitter tanto a la firma en su correo electrónico, como a sus tarjetas personales. Las cuentas siempre tienen el simbolo @ antes del nombre, por ejemplo: @anamjaramillo.
- Mencione su presencia en Twitter en cada conferencia, seminario o presentación pública que haga.

Estrategias para conseguir una gran cantidad de usuarios

Es muy fácil, simplemente siga indiscriminadamente a todas las personas que vea en Twitter. Entre a cuentas populares, busque a los seguidores de esa cuenta y sígalos. Seguramente, muchas de las personas le seguirán en contraprestación.

Pros
- Su cuenta mostrará que tiene un alto número de seguidores.

Contras
- Como no hay intereses en común con los seguidores, no se establece una conversación real entre ellos y usted.

- Para conseguir alrededor de mil seguidores, deberá seguir al menos a 8 mil personas.

- El proceso de seguir a tanta gente puede durar mucho tiempo, además de ser muy aburrido.

- Va a tener muchos mensajes diariamente en su página de Twitter de gente que no le interesa, por lo que seguramente terminará por no volver a leer ninguno de ellos.

- A pesar de la cantidad de seguidores, su mercado objetivo será cada vez más pequeño.

- Sus seguidores, al no tener ningún punto en común con usted, no se sentirán comprometidos, por lo que podrán dejarlo de seguir fácilmente.

- El efecto de mercadeo puede ser contraproducente y tomado como spam o mensajes comerciales no deseados.

Límites en Twitter

Tenga en cuenta que Twitter tiene una serie de límites para prevenir abusos al sistema. Cuando esto suceda se le informará al usuario mediante un mensaje de error, cuando éste quiera llevar a cabo cualquier acción en su página.

Algunos de los más importantes son:

- 1,000 actualizaciones por día, los "Retweets" son contados como actualizaciones.

- 250 mensajes directos por día.

- 150 solicitudes de API -Interfaz de Programación de Aplicaciones- (Application Programming Interface, en inglés) por hora. Esta es la forma como los programas que se usan para "Twittear", se comunican con Twitter para obtener los datos. Por ejemplo, TweetDeck, ÜberTwitter, SocialScope, etc.

  Esto significa que cada vez que cualquiera de estas aplicaciones se actualiza y le muestra los últimos Tweets, las más recientes menciones o sus mensajes directos, se están consumiendo tres solicitudes de API, de las 150 que tiene derecho por hora.

- 4 cambios de cuenta de correo electrónico por hora.

- Cada usuario puede seguir 2,000 personas en total. Una vez que haya llegado a esta cifra, hay límites en el número adicional de usuarios que puede seguir. Este límite es diferente para cada usuario y está basado en la relación entre seguidores y seguidos.

¿Cómo cuidarse del Spam?

El spam puede llegar a su cuenta de Twitter, sin que usted se dé cuenta. Razón por la cual le recomiendo que esté monitoreando con frecuencia quiénes le están siguiendo.

Es bueno saber que muchas personas tratan de comprar seguidores a través de programas que hacen búsquedas en Twitter, relacionadas con palabras claves y automáticamente empiezan a seguir a los usuarios que las usen.

El objetivo es conseguir el efecto "followback", es decir que usted los siga también, para mejorar la reputación, dirigir el tráfico hacia una página de Internet específico y por supuesto, ganar dinero.

Esté alerta cuando:

- Reciba seguidores de otro idioma y sus actualizaciones no sean en la lengua que usted usa habitualmente en Twitter.
- El número de seguidores y seguidos de estos usuarios, sea prácticamente el mismo, además de ser muy alto.
- Tenga un nùmero de Tweets desproporcionadamente mayor que el de seguidores y seguidos.
- Hay una aplicación muy práctica, llamada Twiblock, http://www.twitblock.org/ que analiza a sus seguidores y le dice cuáles de ellos podrían ser spam.

Estrategias para conseguir menos usuarios, aunque de mejor calidad

Lo ideal es que su mercado objetivo esté compuesto por personas con un interés directo en su negocio y/o marca personal, que se traduzca en beneficios.

Este tipo de seguidor representa un valor agregado excelente. Esto no quiere decir que se vaya a concretar una venta con cada uno de ellos, pero sí nos va a servir para crear conexiones, formar opiniones alrededor de un tema que nos interese desarrollar, informarnos, nutrirnos con sus aportes, etcétera.

Por lo valioso, esta clase de usuarios es más difícil de "atrapar" que el usuario promedio de Twitter, por lo que su estrategia para lograrlo tiene que basarse en el tipo de contenido que va a brindarle.

Aunque algunos expertos afirman que lo adecuado es que el 80 por ciento del contenido que se comparte sea sobre el tema que nos atañe y el otro 20 por ciento sea personal, mi recomendación es que trate de no mezclar sus aficiones personales con sus objetivos profesionales. Si quiere conseguir nuevos amigos para hablar de fútbol, por ejemplo, abra también una cuenta personal y úsela para ese fin.

Pros

- Encontrará seguidores activos y comprometidos con su empresa o marca personal.
- Se establecerá una conversación real entre ellos y usted, puesto que hay intereses comunes.
- Se minimizarán las posibilidades de que dejen de seguirlo.
- Estos seguidores se podrán convertir en multiplicadores de su página y llegarán a ser muy efectivos a la hora de recomendar sus productos y/o servicios.

Contras

- Tendrá que tener paciencia porque seguidores de calidad no se consiguen de un día para otro.
- Los usuarios de calidad son escasos.
- Al principio tendrá que invertir al menos una o dos horas al día en:
  - Identificar las personas que le interesa seguir
  - Leer sus tweets y ver las fuentes de donde salen
  - Actualizar sus propios tweets
  - Responder a tweets interesantes
  - Enviar mensajes directos a quienes ya lo siguen

Nota: En lo posible trate de mantener una proporción de 5 a 1 entre sus seguidores y quienes usted está siguiendo, es decir, por cada 5 personas que lo sigan usted solamente siga a una, eso será muy bien visto por Twitter (¿Recuerda que hablamos de ciertos límites?).

Pasos para construir una valiosa red de seguidores

1. Mercado objetivo

Establezca su propio mercado objetivo y sea lo más específico posible. Ya hicimos este ejercicio en el capítulo 2 cuando creamos el plan de "Social Media"; simplemente adáptelo a Twitter.

2. Recomendados de Twitter

Para facilitar la búsqueda de los usuarios a seguir, Twitter dispone de una lista de personas recomendadas con base en el idioma escogido, véala y fíjese si hay algunas que son afines con sus intereses.

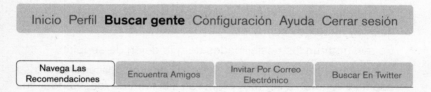

Inicio Perfil **Buscar gente** Configuración Ayuda Cerrar sesión

Navega Las Recomendaciones | Encuentra Amigos | Invitar Por Correo Electrónico | Buscar En Twitter

3. Expertos

Los expertos son una de las partes más importantes en la construcción de su red de seguidores. Estos son los pasos para sacarle provecho a esta valiosa herramienta:

- **Encuéntrelos**

  Busque a las personas expertas en su área que tengan presencia en Twitter. La mejor manera de encontrarlas es poner sus nombres o el tópico en el que se mueven en el buscador de la izquierda y encontrará los mensajes o "tweets" que contengan esas palabras.

  Incluya las palabras especialista, experto, consultor, gurú, autor, etc. para identificar líderes. En mi cuenta de Twitter, @anamjaramillo, tengo expertos en "Social Media" en inglés y español.Usted puede hacer lo mismo; sin embargo, eso dependerá de su nivel de inglés y la cobertura de su negocio.

  La ventaja es que podrá conocer la comunidad en la que se mueve su tópico, quiénes la componen, ver sus perfiles y leer sus mensajes.

Una vez con esta lista tendrá que hacer un filtro muy detallado para ver cuáles de ellos son los más influyentes dentro de la comunidad Twitter.

¿Cómo identificar con esta información a los expertos líderes del tema?

- Usualmente usan fotografías suyas en sus perfiles
- Aunque no hay un número de seguidores mínimo, eso depende del tema: el experto debe tener al menos una figura de tres dígitos.
- Actualizan sus mensajes una vez al día, mínimo, y el último de ellos no debe tener más de tres días de publicado.

- **Sígalos y después trate de hablar con ellos:**

  Si bien algunos expertos optan por seguir a quienes los siguen, esta no es la norma. En la mayoría de los casos usted necesitará ganarse la atención y el consecuente respeto antes de decidir seguirlo; algo que solamente se consigue si sus mensajes son interesantes para ellos.

  Otra alternativa, es enviarles un correo directo, presentándose. Sin embargo, no es muy seguro que le contesten. La opción de responder funciona mucho mejor. Si ve un mensaje interesante de alguno de estos gurús, respóndale algo lo suficientemente atractivo como para captar su atención y de esta manera establecer una conversación con él.

  Con la opción de respuesta gana de todas maneras, porque aunque el especialista no le conteste, muchas personas verán su mensaje y probablemente se interesarán en seguirlo. Y si aquél le contesta y decide seguirlo, también lo hará la mayoría de sus segadores.

Nota: Recuerde que solamente a los seguidores podrá enviarles mensajes directos.

4. Seguidores y seguidos de los expertos

Busque en las páginas de los expertos, no solamente a quiénes siguen ellos, sino también quiénes son sus seguidores. Se sorprenderá de la cantidad de usuarios interesantes que encontrará para seguir.

5. Los blogs y las páginas de Internet

Otra opción es buscar en las páginas de Internet o blogs que más frecuente, probablemente muchos de ellos ya cuentan con un enlace directo a su cuenta en Twitter, lo que le facilitará seguirlos.

6. Eventos promocionados en Twitter

Los eventos que tienen su propia cuenta en Twitter también son una buena fuente para usted. Simplemente búsquelos y después revise quiénes van a acudir y a cuáles usuarios le interesa seguir. En **www. tweetvite.com** puede encontrar varios de estos eventos.

7. Directorios organizados

Otra opción es acudir a los distintos directorios organizados por temas, profesiones o palabras clave, que hay sobre Twitter. Algunos de estos son:

- Wefollow: http://wefollow.com
- Twellow: http://www.twellow.com
- Just Tweet: http://justtweet.com
- Tweetfind:www.tweetfind.com

También hay otros servicios que le permiten buscar usuarios por localización, algunos de ellos son:

- Locafollow: **www.locafollow.com** Es una herramienta muy útil, está disponible en inglés, español y portugués. Puede seguir a usuarios individual y masivamente. Además, facilita la creación de listas con base en los resultados. Le da la opción de buscar twitteros por ciudad, país, localidad y temas, además de saber quiénes son los más seguidos.

Nota: Tenga en cuenta que al principio es normal tener menos seguidores que usuarios seguidos. Recuerde que estos últimos son quienes nutren su "Timeline". En la medida que vaya consiguiendo seguidores vuélvase más selectivo con los usuarios a quienes sigue. La idea es que siempre que abra su página de Twitter vea información realmente valiosa y la comparta.

Listas

Twitter ha habilitado la posibilidad de crear listas de usuarios para agrupar a los contactos según afinidades, temas, proximidad, etcétera. Esta opción la encontrará al lado derecho de su página.

Estas listas se presentan como historiales que usted mismo crea y que tiene como protagonistas a sus amigos, familia, compañeros de trabajo, medios de comunicación, equipos deportivos entre otros, que usted arma como más le convenga.

Solamente, tiene que ir a donde dice "Nueva lista" y al oprimir le preguntará por el nombre que le dará a la nueva lista, que no podrá empezar por un número ni contener la palabra Twitter ni más de 25 caracteres.

Le pedirá que haga una descripción y el tipo de privacidad que quiere manejar, es decir, si es pública (cualquiera se puede suscribir a esta lista) o privada (solamente usted tendrá acceso a ella).

Independientemente de si son privadas o públicas, usted sólo podrá crear una máximo de 20 listas con un máximo de 500 usuarios cada una.

Una vez esté creada la lista, Twitter le pedirá que encuentre la gente para agregar. Usted también podrá adicionar personas desde su página de seguidores o desde la página de perfil de cualquiera.

A cada una de las listas se puede añadir cualquier usuario de Twitter, aunque éstos tienen la opción de bloquear su aparición en una lista, si así lo estiman conveniente. Por otra parte, el usuario también puede inscribirse de forma voluntaria a la lista creada por otro, siempre y cuando este último le acepte.

La mejor utilidad de las listas es la organización que le ofrecen. Trate de tener agrupados en al menos una lista a la mayoría de los usuarios a quienes sigue y con quienes más conversa. Verá cómo se le facilitará el manejo de su cuenta de Twitter.

Y si desea dejar de seguir a alguien...

Si el usuario escogido no resulta interesante, podrá dejar de seguirlo en cualquier momento y desde su cuenta. Simplemente, vaya a "Siguiendo", busque al usuario que desea dejar de seguir y a la derecha encontrará en "Acciones" la opción para dejar de seguirlo.

Si después de seguir a las personas que le interesan, estas no le siguen a usted, vaya a un sitio gratuito llamado Twitter karma:

http://dossy.org/twitter/karma/

Por ejemplo le mostrará:

foultips
you follow them
they follow you
Last updated: 22 hours ago

Así podrá ver si las personas que usted sigue también le siguen a usted. Esto le dará la información suficiente para dejar de seguir a muchas personas que no hacen lo mismo con usted. No tiene que ir a su página de Twitter para hacerlo, lo puede hacer directamente desde aquí.

El tiempo de espera para borrar a las personas de la lista de quienes usted sigue pero que no le siguen a usted es relativo. Personalmente, si después de cuatro días no hay respuesta, yo los dejo de seguir. Sin embargo si su contenido es realmente valioso, continúo siguiéndole, no importa que no hagan lo mismo.

Estrategias para conectarse y mantenerse con sus seguidores

Envíe un mensaje a sus seguidores agradeciéndoles que lo estén haciendo e invitándolos a conocerlo más a través de su página o blog.

- Haga que sus mensajes tengan el gancho de un titular de prensa de solamente 140 caracteres. (Esto lo vamos a ver en detalle en el capítulo 7 "La clave del éxito: el contenido").
- Inicie conversaciones agradables alrededor de un tema interesante que sea común para todos.
- Mencione a sus seguidores, cuando alguno de sus mensajes le parezca atractivo.
- Conteste las preguntas de sus seguidores con información útil.
- Agradezca a sus seguidores cuando compartan contenido interesante. Algunos de ellos le contestarán mencionando su nombre y toda su comunidad de Twitter podrá verlo y lo reconocerá como un miembro importante de ella.

- Agregue links a artículos que haya leído o escrito, videos y otros recursos que logren captar la atención de sus seguidores.

- Escriba un mensaje directo, si le interesa conectarse con uno de sus seguidores específicamente.

- Reenvíe los mensajes más interesantes de sus seguidores a quienes usted sigue, probablemente le darán las gracias, lo seguirán y podrá establecerse una conversación real entre ustedes.

- Agradézcale a quien reenvíe alguno de sus mensajes.

- Siga las reglas de cortesía de Twitter (las veremos con más atención en el próximo capítulo). Evite la agresividad.

- Escoja a quiénes seguir. La mejor manera de darle confianza a sus seguidores y mantenerlos conectados es siendo muy selectivos con las personas que componen esa red. La mayoría de las personas desconfían de quienes siguen a todo el mundo de manera indiscriminada.

- Busque que sus mensajes no solamente promocionen su negocio. A nadie le gusta los vendedores insistentes, por lo que seguramente dejarán de seguirlo. Lo mejor es que por cada diez mensajes que envíe, solamente uno hable de su producto, marca y/o servicio. Los demás, pueden ser información útil externa relacionada o no con su negocio o marca personal.

- Trate muy bien a sus seguidores, hágalos sentir especiales, comparta con ellos descuentos, regalos o información exclusiva para ellos. Deben percibir que serán los primeros en enterarse de futuras promociones. Esto les hará sentir que fue una buena decisión haberlo seguido.

Grupos de apoyo

Hay otras formas de difundir su marca personal o la de su empresa y conseguir seguidores. Son los llamados grupos "Mastermind" de Twitter, que no son otra cosa que la unión de varios usuarios, con un interés común, comprometidos en apoyarse y promocionarse mutuamente.

Estas son algunas de las aplicaciones usadas para crear estos grupos:

- **Twitter Groups:** http://twittgroups.com/index.php

  Le da la opción de darle un tag a sus seguidores y agruparlos. Adicionalmente le permite enviarles mensajes masivamente.

- **Grouptweet:** http://www.grouptweet.com/

  Le da la posibilidad de crear grupos y enviar mensajes directos a la cuenta de Twitter del grupo.

Motivos por los cuales puede perder seguidores

Cuando nuestra lista de seguidores en lugar de aumentar disminuye, es bueno identificar quiénes son los usuarios que nos han dejado de seguir y los posibles motivos.

Por el momento Twitter no ofrece directamente la posibilidad de ver quién decide dejarnos de seguir. Sin embargo hay varias aplicaciones, una de las más conocidas es Useqwitter - **http://useqwitter.com/.**

Solamente necesita ingresar su correo electrónico y su nombre en Twitter, y este servicio le enviará por email la lista de personas que le ha dejado de seguir. Useqwitter es muy útil también, para saber quién le ha borrado de Twitter.

Adicionalmente, si está muy triste por haber perdido seguidores, esta aplicación le ofrece la posibilidad de terapia, enviándole una serie de mensajes-frases para levantarle el ánimo.

Una vez haya identificado a quienes le dejaron de seguir, analice las probables causas de esa situación:

- **No "twittear"**

  Si no dice nada, quién va a querer tenerlo en su "timeline".

- **No "twittear" nada interesante**

  No se trata de publicar contenido, sino que sea interesante.

- **Abusar de los Tweets**

  Satura a sus seguidores con muchos tweets. ¿Cuál es el límite? Depende, pero por lo general más de tres tweets seguidos o más de 6 tweets diarios chocan, a no ser que sean de una celebridad o de alguien que tiene muchas cosas valiosas para decir.

- **Ofender a su audiencia**

  Usualmente a la comunidad de Twitter no le interesan los usuarios conflictivos, destructivos, impulsivos o irrespetuosos.

- **Automatizar el Servicio**

  ¿Cómo establecer un modelo de respuesta a quienes le sigan? Por ejemplo, recuerde que a la gente le gusta ver que detrás de su cuenta hay un ser humano, no una máquina.

- **Lucir como un "spammer"**

  Cuando la mayoría de sus tweets estén enlazados con su página de Internet o blog   o repita el mismo tweet muchas veces seguidas, se verá como spam.

- **Evitar conversar**

  Solamente hace retweet a los demás, no responde a menciones y nunca se mete en las conversaciones.

- **No agradecer**

  Hace poco alguien pidió una información sencilla en Twitter, se la brindé y nunca me dio las gracias. Eso me molestó un poco, porque no es lo normal. En términos generales la de Twitter es una comunidad educada en el sentido de las buenas maneras, y muy respetuosa.

- **No seguir**

  Hay muchas personas que lo van a dejar de seguir cuando vean que usted no los está siguiendo.

En nuestro próximo capítulo nos vamos a enfocar en el mensaje, en el "tweet". No es mucho lo que se puede decir en 140 caracteres, por lo que precisamente es necesario saber cómo redactar ese mensaje en la forma más efectiva posible.

Adicionalmente conoceremos las reglas de cortesía que se manejan en Twitter, la privacidad y algunas consideraciones legales acerca de lo que se escribe.

Capítulo 7
La clave del éxito: el contenido

En este capítulo vamos a hablar del corazón de Twitter: los tweets o mensajes, que no son otra cosa que el contenido con el cual alimentamos todos los días este maravilloso medio social y de los cuales depende gran parte del éxito de nuestra estrategia de poner a trabajar a Twitter para nosotros.

Además hablaremos de las reglas de cortesía o buenas prácticas que se deben tener dentro del mundo de Twitter y algunas consideraciones legales.

¿Qué es un mensaje?

Un mensaje está definido como el contenido que el emisor envía al receptor, a través de un canal determinado o un medio de comunicación.

Para construir una buena red de seguidores y mantenerlos comprometidos, es necesario ofrecer un contenido de excelente calidad, que origine un efecto viral, es decir multiplicador, pues siempre habrá quien reenvíe los mensajes más valiosos.

Vamos a hacer un rápido ejercicio que le ayudará a entender mejor este capítulo. Piense que usted es el dueño de un periódico y que si los artículos que sus periodistas publican no son interesantes, informativos y/o entretenidos, seguramente su medio no tendrá lectores. Como consecuencia, probablemente tampoco contará con anunciantes, por lo cual fracasará.

Pues bien, en ese sentido Twitter funciona igual que un medio de comunicación tradicional. Si usted no genera un contenido valioso, no tendrá seguidores y aunque no perderá dinero, probablemente sí deje de recibirlo.

Tipos de mensajes en Twitter

Los mensajes que se envían en Twitter se pueden dividir de la siguiente manera:

1. **Social:** Es el mensaje que responde sobre lo que usted está haciendo o planea hacer.

   "Voy a ver el partido en casa de mi suegra".

2. **Opinión:** Habla sobre lo que usted piensa acerca de un determinado tópico, que puede generar controversia.

   "Definitivamente USA debió ganar el partido contra Ghana".

3. **Informativo:** Busca divulgar contenido valioso acerca de un tema específico, generalmente, va unida a un enlace.

4. **Publicitario:** Su objetivo es promover un negocio o marca a través de la difusión de promociones y concursos.

   "Estamos rifando un pasaje de ida y vuelta a Miami entre quienes digan cuándo salió Twitter en español".

5. **Interrogativos:** Son los mensajes que incluyen una pregunta y que pueden convertirse en el inicio de una conversación.

   "Alguien me puede decir cómo se acortan los links en Twitter?".

Nota: Sea cual sea el tipo de contenido que usted publique, a su alrededor se pueden construir conversaciones interesantes. Sin embargo, tenga en cuenta que el tweet social, en la gran mayoría de casos, solamente le interesa a los seguidores de los artistas y de las celebridades.

Antes de empezar a escribir sus mensajes o tweets

Estas son algunas de las características que debe tener en cuenta antes de escribir sus actualizaciones en Twitter:

• **Descubra quiénes publican los enlaces más interesantes**

   Analice la forma en que estos se comunican, el contenido y los horarios que logran un mayor número de retweets (RT) es decir que sus mensajes son replicados por otros.

- **Tenga en cuenta el tema en común de su comunidad**

  Aunque a veces es válido hablar de otros tópicos de actualidad, como el fútbol por ejemplo, trate de publicar siempre información relacionada con su mercado. Eso le hará ver mucho más profesional ante los ojos de sus seguidores y por ende su lealtad y su compromiso de seguirle serán mayores.

- **No se convierta en spammer**

  Cuando usted satura a sus seguidores con enlaces a un sitio específico, sea su página o su blog, puede ser visto como spam.

  Por esta razón, muchos usuarios de Twitter dejan de seguir a grandes empresas y optan por quienes filtran lo mejor de la red para compartirla con los demás.

  Si actúa como empresa, tenga mucho cuidado de ser visto como spammer y no sature a sus seguidores con información sobre sus productos.

- **Entienda que Twitter es una fusión de conversaciones e intercambio de contenidos**

  Hay muchos usuarios que se sienten cómodos solamente conversando o chateando en Twitter. Personalmente creo que para esta función hay mejores servicios como Messenger, por ejemplo.

  Otros, únicamente comparten el contenido que les resulta interesante y nunca establecen un diálogo con sus seguidores.

  Sin embargo, si su objetivo es comercial, le recomiendo que comparta contenido y simultáneamente converse con sus seguidores. Esta conjunción de acciones hará más fuerte su presencia en Twitter.

Otros sitios desde donde puede enviar sus mensajes de Twitter:

Es muy importante que sepa que, además de su página de Twitter, hay otros programas y aplicaciones desde las cuales puede enviar sus mensajes. Estos son los más populares, sin embargo le recomiendo que vea cuáles sistemas están usando las personas a las que sigue o sus seguidores y pruebe varios hasta encontrar el que más le agrade.

- **TweetDeck:** http://www.tweetdeck.com/

  Es uno de los programas más populares para enviar mensajes, pues es una multiplataforma, es decir, funciona tanto en Windows como en Linux y Mac. Además no solamente es usado en Twitter, también en FaceBook, MySpace y LinkedIn.

- **Hootsuite:** http://hootsuite.com//

  Este servicio le da la posibilidad de gestionar varias cuentas simultáneamente, lo que lo convierte en una excelente herramienta para la gestión empresarial.

- **Twitterfeed:** http://twitterfeed.com/

  Le permite publicar automáticamente en Twitter cualquier contenido que divulgue en su blog.

- **Ubertwitter:** http://ubertwitter.com/

  Con esta aplicación puede acceder a su cuenta de Twitter a través de diversos dispositivos móviles, siendo el Blackberry el más usado.

- **Twitpic:** http://twitpic.com/

  Es uno de los programas más conocidos para compartir fotos vía Twitter.

¿Cómo empezar a escribir mensajes, o "Twittear"?

Llegó el momento de escribir en la sección "¿Qué pasa? "o "¿What are you doing? "

En la parte superior izquierda de su página de Twitter, encontrará un recuadro con la pregunta ¿qué pasa?

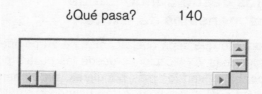

¿Qué pasa?   140

Reciente: España Campeón Mundial! hace cerca de 2 horas Tweet

En la medida en que va escribiendo el mensaje o Tweet, el contador le irá guiando hasta completar un máximo de 140 caracteres. Cuando ya tiene el mensaje listo, pulse Tweet para publicarlo.

Estructura de los mensajes de Twitter

Es muy importante que conozca la estructura de los mensajes de Twitter, para que pueda familiarizarse con ellos.

Mensajes Recibidos de sus seguidores

- **Mensaje sencillo**: Victorjsolano ¡Vamos Brasil! ¡A ganar!

hace 28 minutos	via web	Responder	Retwittear

- **Remitente:** VictorjSolano
- **Mensaje:** " ¡Vamos Brasil! ¡A ganar!"
- **Estrella *:** le permite marcar el mensaje como favorito
- **Tiempo:** Envió el mensaje hace 28 minutos
- **Vía:** Web, es decir a través de la página de Twitter. Recuerde que hay varios programas desde donde se puede mandar mensajes
- **Responder:** Puede contestar este mensaje
- **Retwittear:** Puede reenviarlo a todos sus seguidores

Mensaje con tag, enlace y retwitteado

Foultips Desempleados y subempleados de #Florida recibirían ayuda para prevenir embargos -> http://bit.ly/bzhXPU * via @doralmoms

9:38 AM Jun 24th	via web	Responder	Retwittear

Aquí hay tres elementos adicionales:

- **El tag:** #Florida
- **El enlace:** http://bit.ly/bzhXPU
- **Retweet:** Via @doralmoms, es decir que aunque @foultips fue el

autor del mensaje, a su timeline llegó gracias a que @doralmoms lo reenvio a sus seguidores.

¿Qué son los tags o etiquetas?

Debido a que Twitter no contaba con una manera sencilla para twittear en grupos o añadir datos extras, la comunidad se inventó su propia forma: los tags o etiquetas.

Una etiqueta en Twitter es similar a cualquiera otra de la red, pues ayuda a incluir tweets en una misma categoría. Las etiquetas están compuestas por el símbolo "#" antecediendo a la palabra, como por ejemplo: #Colombia, #música, #periodismo.

Si le agrega una etiqueta a su tweet y tiene una cuenta pública, cualquiera que realice una búsqueda de esa etiqueta lo encontrará. Cualquier palabra clave con una "#" delante puede ser considerada una etiqueta, esto le ayudará a aumentar la visibilidad de la misma en Twitter.

No hay reglas formales para su uso, excepto que no deben ser utilizadas para enviar spam. Sin embargo, se recomienda que las etiquetas que se usen sean referentes al tema, no sobrecargar un tweet con varias de ellas y usarlas sólo en uno de cada tres mensajes que se envíen.

El arte de escribir buenos mensajes en Twitter

Generar contenido valioso no es fácil y mucho menos en sólo 140 caracteres (espacios incluidos). Sin embargo, las mismas condiciones que sirven para hacer un titular de prensa, se aplican para hacer un Tweet.

¿Cuál es el éxito de un buen titular? Hacer que el lector, oyente o televidente se enganche, quiera conocer el desarrollo de la información, se comprometa con el medio y le sea fiel. Los mismos objetivos que se buscan en Twitter.

Teniendo como base un buen titular, un buen mensaje debe:

- Expresar en forma clara y concisa el hecho más importante de la información.
- Transmitir credibilidad.

- Responder dos preguntas: quién y qué.
- Evitar exceso de cifras y de siglas que le quiten claridad a su tweet.
- Utilizar verbo en acción: En lugar de decir "Lanzamiento de nuevo producto en Twitter", diga "Twitter lanza un nuevo producto".
- Evitar formas impersonales, por ejemplo "Dicen que facebook va a aumentar el número de usuarios"en vez de "El fundador de Facebook dice que esta red aumentará el número de usuarios".
- Evitar la repetición de palabras dentro de un mismo tweet.
- Omitir el sensacionalismo o amarillismo.

El arte de enviar buenos enlaces en Twitter

Cuando envíe un mensaje unido a un enlace:

- Comparta los mejores enlaces con sus seguidores

  No se guarde el mejor contenido para usted, compártalo. Cuando vea un artículo o una información interesante, envíesela a sus seguidores, verá que después será visto como un integrante valioso dentro de la comunidad.

 anamjaramillo
Lea las mejores revistas colombianas en Internet
http://bit.ly/c6Zn8X*

| hace menos de 45 minutos via web | Responder | Retwittear |

Escriba una buena introducción a su enlace

Antes de copiar el enlace, escriba algo referente a él, puede ser el titulo o un pequeño resumen. Recuerde que entre introducción y enlace no debe haber más de 140 caracteres, pero si ser muy atractivo, para que sus seguidores lo lean, abran   el enlace, lo comenten y le hagan un RT.

- **Deje espacio para el retweet (RT)**

  Si desea que le hagan RT, no escriba más de 120 caracteres, para que así le deje espacio a sus seguidores para que puedan escribirle algo al reenviar su mensaje.

Nota: Ya que solamente tiene espacio para 140 caracteres y las direcciones son muy largas, la mejor manera de acortarlas es a través de las siguientes aplicaciones:

- Bit.ly: http://bit.ly/

Recorta los enlaces dándole más espacio a su mensaje. Es una de las aplicaciones más utilizadas.

- Twitlonger: www.twitlonger.com/

No solamente acorta el enlace, sino el texto, o sea que puede escribir lo que quiera, ya que solamente los primeros 140 caracteres serán visibles y el resto se verá al abrir un enlace. Si bien es muy útil, es mejor no abusar de esta herramienta, pues la mayoría coincide en que uno de los encantos de Twitter es lo conciso de sus mensajes.

Otras consideraciones que ayudan a divulgar masivamente sus tweets

- Comparta contenido fácil de leer, como el que viene numerado, por ejemplo "Las cinco cosas que debe saber acerca de sus seguidores en Twitter".
- Pida RT a sus seguidores cuando el mensaje lo amerite, simplemente agregue "RT por favor". Esto funciona muy bien en caso de emergencias o simplemente cuando se quiere divulgar información de gran valor para la comunidad.
- De vez en cuando escriba tweets motivacionales, usando frases célebres, por ejemplo.
- Trate que sus mensajes siempre sean positivos y si en algún momento tiene un buen chiste en mente que no vaya a irrespetar a alguien, cuéntelo.

El arte de reenviar o retweet

Reenviar o "retweet" (RT) es la posibilidad de enviarle a sus seguidores los mensajes de otras personas, que usted piensa podrían interesarles.

- Haga "retweet" a la mayor cantidad de enlaces valiosos de otras personas.
- Pida RT a sus seguidores cuando el mensaje lo amerite, simplemente agregue "RT por favor". Esto funciona muy bien en caso de

emergencias o simplemente cuando se quiere divulgar información de gran valor para la comunidad.

- Busque mensajes para RT de personas con pocos seguidores. Seguramente, se lo agradecerán en público y le dará más visibilidad a usted.

- Evite hacer RT a los usuarios más populares de Twitter, ya que ese mensaje estará por todas partes, inundando el "timeline" de sus seguidores.

- Hacer RT es un arte, hay que hacerlo con mucho cuidado de no saturar a su audiencia; siempre póngase en su lugar.

- Si ha publicado un enlace valioso y no ha tenido mucha respuesta, no se desanime y vuélvalo a hacer. A veces, por la cantidad de mensajes y los horarios, los usuarios no alcanzan a ver todo lo que les llega a su "timeline". Por eso es aconsejable que si el enlace vale la pena, vuelva a publicarlo.

- Es recomendable personalizar el RT, escribiendo algo al comenzar o al terminar el mensaje. Lamentablemente, Twitter sólo da la opción de reenviar contenido de manera automática, sin poder añadir nada, por lo que es necesario escribirlo en forma manual, o sea copiar y pegar el mensaje que va a reenviar, individualizándolo.

Por ejemplo:

No se pierda esta información, RT @draespaillat: La mejor manera de verse joven: #Cosmetica: http://tweetphoto.com/29668999

¿Qué son los DM o mensajes directos?

Son los mensajes privados que usted puede enviar sólo a sus seguidores y recibir únicamente de quienes usted sigue. Al igual que un tweet normal, solamente, podrá enviar mensajes directos de 140 caracteres.

En la columna derecha de su página principal verá el número de mensajes directos que ha recibido. Al oprimir allí, encontrará la opción de mandar un mensaje directo, el espacio para escribirlo y los nombres de sus seguidores para que escoja a quien lo va a dirigir.

Después va a ver dos opciones:

Mensajes directos enviados sólo a ti y mensajes directos que has enviado

Verifique el mensaje que escriba esté correcto, porque no se puede cambiar una vez se haya enviado. Luego oprima "enviar".

¿Recuerda mi caso con Whirpool y la lavadora dañada? Cuando yo publiqué el mensaje en Twitter quejándome de la falta de repuestos en un modelo tan nuevo, ellos me contestaron públicamente pidiéndome que los siguiera para que pudiéramos hablar por mensaje directo, sin que la conversación la viera todo el mundo.

WhirlpoolCare

@anamjaramillo Sorry to hear that. Follow and DM me so we can discuss.

(Siento saber esto, prosiga y envíeme un DM para que podamos discutirlo)

Alrededor de los mensajes directos ya hay polémica, especialmente en lo que atañe a las grandes empresas.

Hace poco leí el caso de una usuaria de Twitter que se quejaba que un hotel, al que ella seguía, le había enviado un mensaje directo sobre un concurso. Ella calificó esa acción como spam y se preguntaba, si no había sido más ético por parte del hotel hacer un tweet público.

Así que si usted representa a una empresa, mi recomendación es que se cuide mucho con la información que envíe a sus seguidores a través de los mensajes directos, pues puede ser interpretada como spam y llevar a la pérdida de sus seguidores.

La mayor utilidad de los mensajes directos radica en la posibilidad de establecer una verdadera comunicación con quienes lo siguen. Este diálogo empieza justo cuando usted les agradece que lo estén siguiendo.

Para recopilar y guardar sus tweets

Debido a que en la página de Twitter solamente tiene la opción de encontrar sus tweets más recientes, se han desarrollado varias aplicaciones útiles para ayudarle a buscarlos y guardarlos.

- **TweetBook:** http://tweetbook.in/
  Esta aplicación le permite hacer un libro en formato PDF con un archivo de todos los tweets que ha escrito.

- **MyTweet16:** http://www.mytweet16.com/

  Este servicio le da la posibilidad de acceder a los primeros 16 tweets que haya hecho en Twitter.

- **Tweetpurge:** http://tweetpurge.com/

  Es un programa pequeño que se instala en Windows y con el cual podrá guardar los tweets disponibles en una base de datos local en su computadora.

- **Backupmytweets:** http://backupmytweets.com/

  Con esta aplicación podrá hacer una copia de seguridad diaria de todos sus tweets.

- **Tweetbackup:** http://tweetbackup.com/

  Le permite guardar todos los tweets diarios, automáticamente sin dar contraseña.

- **Tweetscan:** http://tweetscan.com/

  Da la posibilidad de hacer copias de seguridad de todos los tweets, mensajes directos y respuestas.

Si quiere ver las conversaciones de determinados usuarios

- **Bettween:** http://www.bettween.com/

  Esta aplicación hace un seguimiento a las charlas virtuales entre dos usuarios. Para poder acceder, debe ingresar sus nombres. No es necesario llenar los formularios que piden, pues todo está basado en tweets públicos. Sin embargo, si uno de ellos tiene en su configuración marcada la opción de protección a sus tweets, la conversación no aparecerá.

Para compartir archivos

Estas son algunas de las aplicaciones de Twitter que le ayudarán a compartir archivos con otros usuarios:

- **Filesocial:** http://filesocial.com/

  Le permite cargar distintos tipos de archivos como presentaciones en Power Point, PDF, videos y audios hasta de 50MB.

- **Filetweet:** http://filetweetapp.com/

Le da la posibilidad de enviar archivos, de hasta 2 GB de tamaño, a sus seguidores a través de Mensaje Directo o correo electrónico.

- **Twitfile:** http://www.twitfile.com/
  Le da la opción de compartir archivos hasta de 200MB.

Reglas de Cortesía

A diferencia de los medios de comunicación tradicionales, en Twitter usted sí puede conversar con su receptor y como en todo diálogo, hay reglas no escritas que deben respetarse. Estas son algunas de las más importantes:

- No use lenguaje inapropiado.
- Tenga una actitud positiva y acostúmbrese a no quejarse.
- Respete todas las opiniones, así sean contrarias a la suya.
- Evite enfrentamientos y polarizaciones.
- Cuando esté intercambiando opiniones, espere a que la otra persona termine de escribir la suya. No la interrumpa.
- No escriba su mensaje en mayúsculas. Eso equivale a gritar y es muy mal visto por los usuarios bien educados de Internet.
- Evite las abreviaturas, trate de ser creativo y en lo posible escriba palabras completas en los 140 caracteres que tiene a su disposición.
- Aunque existan servicios para abreviar sus textos, no exagere su uso. Recuerde que uno de los encantos de Twitter radica en la limitación de 140 caracteres.
- Si va a hacer un RT, trate de leerlo antes. Muchas personas reenvían contenido guiándose solo por el título y sin haberlo revisado previamente. Trate de no hacerlo, sus seguidores podrían llevarse una sorpresa desagradable.
- Cuando haga un RT de un RT, procure incluir siempre la fuente del tweet original, de lo contrario se verá como un "robo" de información.
- No promueva su blog, servicios o productos con mensajes consecutivos, esto generará mucho malestar entre sus seguidores y posiblemente dejen de seguirlo.
- No utilice los mensajes directos como medio para promocionar su empresa, marca y/o servicio, pues el efecto será contraproducente.

- No sea un spammer, no sólo es una herramienta terrible de mercadeo, sino de muy mala educación.

- Trate de agradecer a cada persona que le siga, verá que es la mejor manera de iniciar una buena conversación con ella.

- En lo posible, trate de darle las gracias a quienes le hacen un RT. Envíeles un mensaje o replique su contenido. Si son muchos, puede agradecerles en forma colectiva.

anamjaramillo
Mil gracias por los RT´s @foultips @draespaillat @victorjsolano

- Cuando le responda a alguien, hágalo usando el enlace de responder, ya que así el diálogo quedará conectado. Mucha gente responde en un mensaje aparte, con lo cual se pierde el sentido de la conversación.

- No escriba mensajes alarmistas; recuerde que si hay una situación de pánico, es necesario mantener la calma.

- Cuando mencione a alguien, asegúrese de poner la @ antes de su nombre.

- Si ha encontrado un spammer, después de bloquearle, déjele saber a Twitter la situación.

Consideraciones legales

Estas son algunas de las consideraciones legales acerca del uso de Twitter. Es bueno que las tenga en cuenta antes de usar este medio, pues al acceder a él ya se está comprometiendo a aceptarlas.

- Usted es el único responsable de todo cuanto publique, difunda o comunique a través del servicio que ofrece Twitter.

- Twitter se reserva el derecho de almacenar determinada información de su cuenta que, en un momento dado, podría ayudar a las autoridades a localizarle y atribuirle la autoría de uno o varios mensajes que vayan en contra de la ley.

- Está prohibido crear cuentas con los nombres de otras personas. La suplantación es sancionable por Twitter con el bloqueo de dicha cuenta.

- No se debe hacer uso de logos, fotografías o imágenes de marcas sin la debida aprobación.

- No están permitidas las calumnias, las injurias, ni las amenazas.
- No se deben revelar datos personales o profesionales de terceros sin su previa autorización.
- El uso de imágenes pornográficas está prohibido por Twitter, tanto en el fondo como en el perfil de su página. Tampoco se permite el ofrecimiento y/o solicitud de servicios sexuales.
- No está permitido propagar contenido xenofóbico y/o racista.
- No se debe difundir información falsa que pueda perjudicar a terceros.
- Está prohibido el uso de Twitter para comerciar con cosas ilegales.

La privacidad en Twitter

A principios del 2010, después de haber tenido algunos problemas con el tema de la privacidad de sus usuarios, Twitter llegó a un acuerdo con la Comisión Federal de Comercio de Estados Unidos, con la que se comprometió a establecer un programa de seguridad de forma independiente, a la información aportada por los usuarios.

Los problemas de privacidad de Twitter empezaron en el 2009, después que piratas informáticos violaran la seguridad de este medio, accediendo a mensajes directos y emitiendo mensajes falsos a nombre de otros usuarios. Hasta la cuenta del presidente estadounidense Barack Obama se vio involucrada.

Sin embargo, aunque usted sepa que Twitter está trabajando para que sus datos estén seguros, le recomiendo que tenga en cuenta los siguientes consejos:

- No divulgue demasiada información acerca de usted o lo que hace en su vida privada.
- Si va a enviar datos personales, como su dirección, teléfono o correo electrónico, hágalo por medio del mensaje directo; nunca lo haga en su "Timeline" público.
- Tenga cuidado con las otras aplicaciones que usan su cuenta de Twitter, cerciórese que se sea un sitio conocido antes de crear una cuenta allí.

Nota: En abril del 2010 la Biblioteca del Congreso de Estados Unidos anunció la compra de los archivos de Twitter, es decir que miles de millones de tweets ya hacen parte de la base digital de datos de la biblioteca más grande del mundo.

En el próximo capítulo veremos la manera de monitorear su marca personal o la de su negocio en Twitter.

Capítulo 8
¿Cómo monitorear su imagen en Twitter?

Seguramente ya se siente más a gusto manejando su cuenta de Twitter. Ya tiene seguidores, publica contenido y debe haber establecido conversaciones con algunos miembros de su comunidad. Es el momento de empezar a ver los primeros resultados de la estrategia que usted creó para su empresa o marca en Twitter.

Tenga en cuenta que es indispensable saber cómo se está posicionando su marca dentro de la red; si está llegando de la manera adecuada a su audiencia y cómo se encuentra su empresa en relación a la competencia.

Y digo de la red, porque la mayoría de las aplicaciones que le ayudarán en este monitoreo, no sólo le van a dar la información de Twitter, sino también de las demás plataformas sociales, donde usted o su empresa tengan presencia.

Recuerde que quien tiene la información, tiene el poder. Si usted sabe a tiempo lo que se dice de su empresa, tendrá las herramientas necesarias para reaccionar de manera efectiva y redefinir (si es necesario) su estrategia inicial.

Por ser canales abiertos de información, tanto Twitter como las demás plataformas sociales enfrentan a las empresas con la crítica como nunca antes y esto es algo que siempre tiene que tener en cuenta.

No olvide lo que pasó con mi lavadora y Whirpool. Si ellos no hubieran estado monitoreando diariamente lo que se decía de la empresa en Twitter, nunca habrían visto mi queja; y de no haber actuado a tiempo, mi malestar se habría regado por la red, con las correspondientes consecuencias negativas para su marca.

He preparado un sencillo esquema para explicar mejor estos conceptos:

Monitoreo → Evaluación → Respuesta → Revisión de estrategia inicial → Seguimiento

1. Monitoreo

Antes de empezar a configurar las distintas herramientas de medición, tenga presente las siguientes preguntas:

¿Cómo es la interacción con sus seguidores?

¿Cómo reaccionan a sus mensajes?

¿Han estado respondiendo a sus mensajes?

¿La mayoría de tweets sobre su empresa o marca personal son positivos o negativos?

Hay varias aplicaciones que pueden ayudarle a hacer un seguimiento regular acerca de la visibilidad que su empresa o marca tiene en los medios sociales.

Aunque la idea sea realizar una medición más cualitativa que cuantitativa, también debe tener en cuenta la cantidad de comentarios y conversaciones que se han dado a su alrededor en Twitter.

La mayoría de las aplicaciones tienen una opción básica gratuita y otras pagas, que incluyen servicios más especializados. Estas son algunas de las aplicaciones de monitoreo más populares:

- **Social Media Mention:** http://www.socialmention.com/

   Es una de las más conocidas. Le permite ver si lo que la gente dice de usted o de su marca es positivo, negativo o neutral, entre otras cosas.

- **How Sociable:** www.howsociable.com/

   Es una buena herramienta gratuita que le muestra su grado de visibilidad en la red. Sin embargo si tiene un nombre tan común como el mío, se va a encontrar con que aparece en redes sociales que ni siquiera conocía. Definitivamente es más conveniente para empresas y marcas, que para individuos.

- **Twitter Influence:** http://twinfluence.com/

   Le permite calcular su influencia en Twitter.

- **Knowem:** www.knowem.com

   Le da la opción de monitorear su marca o nombre en más de

350 redes sociales. Es un buen lugar para saber dónde está ese nombre aún disponible y registrarlo.

- **Trackur:** www.Tracker.com

  Es una buena herramienta para chequear su marca y reputación en las redes sociales. Es muy útil en el seguimiento de campañas de mercadeo.

- **Majestic SEO:** http://www.majesticseo.com/

  Le permite conocer muchas características de sus competidores. Es uno de los instrumentos de análisis de mercadeo más útiles. Necesita registrarse.

- **Retweetrank:** http://www.retweetrank.com/

  Le da la posibilidad de saber el número de veces que su mensaje ha sido reenviado a otros en Twitter. Muy útil para saber qué parte del contenido que usted está publicando es novedoso y adicionalmente para dar las gracias a quienes le hicieron retweet.

- **Monitter:** http://monitter.com/

  Permite saber en tiempo real quién habla de su marca y qué está diciendo.

- **Twitter grader:** http://twitter.grader.com/

  Esta aplicación le muestra el grado de influencia que tiene en Twitter, con base en el número de seguidores, seguidos y mensajes enviados.

Nota: Con estas aplicaciones va a tener un gran número de indicadores; lo importante es que después de tenerlos, elabore su propio informe enfocado en su propio negocio, explicando cada indicador y proponiendo alternativas de solución en caso de ser necesarias.

2. Evaluación

Una vez sepa lo que se dice de usted o de su marca, revise todos los comentarios. Va a encontrar tres tipos: positivos, neutrales y negativos.

Los positivos revíselos muy bien, porque con ellos se dará cuenta de qué es lo que está haciendo bien. Utilícelos como un refuerzo para su estrategia inicial. También le pueden servir, en un momento dado, para contrarrestar una campaña negativa.

Los comentarios neutrales pueden ser solicitudes de información adicional o la formulación de alguna pregunta. Sin embargo, evalúe qué pudo haberles faltado para que fueran positivos (probablemente la información no fue clara y creó confusión).

Con las opiniones negativas tenga mucho cuidado, pues este tipo de mensajes tienden a ser amplificados en los medios sociales. Por lo que es necesario evaluar quién los va a leer y medir cuál será la influencia; a veces no merece la pena preocuparse por ellos porque son casi invisibles; sin embargo no los subestime.

Trate de contestar las siguientes preguntas acerca de los mensajes negativos:

Quién los dice: Analice el perfil del autor de la crítica. Tenga en cuenta que el origen puede ser un medio distinto a Twitter, como Facebook por ejemplo, y que después se haya extendido.

Cuándo se dijeron: En qué contexto se escribieron.

Cuál fue la razón: Es indispensable identificar si la crítica es producto de un hecho aislado o es una situación recurrente.

Quién los va a leer: No tiene el mismo efecto viral un mensaje negativo de alguien que tiene veinte seguidores, con aquél que tiene cinco mil.

En este punto trate de ser lo más objetivo posible y reconozca en cada uno de los comentarios negativos una oportunidad para corregir errores en su estrategia y establecer una conversación franca y honesta con los usuarios inconformes. La idea es que en el futuro ellos sean los autores de comentarios positivos acerca de su empresa.

También puede ocurrir que su visibilidad en Twitter sea nula, razón por la cual no genere ningún tipo de comentarios, algo que no debe dejar que suceda. Busque la causa de la falta de respuesta y corrija su estrategia inicial, porque definitivamente no está funcionando.

Nota: Al abrir su cuenta en Twitter lleve un recuento ordenado de las preguntas, quejas, solicitudes y problemas que ha tenido y su solución. Esto le servirá para cuantificar mejor su experiencia en este medio social y por ende maximizarla.

3. Respuesta

Siempre trate de agradecer los comentarios positivos públicamente. Eso motivará no sólo a quienes los escribieron, sino a los demás miembros de su comunidad. Además será su mejor campaña de publicidad.

Si los comentarios neutrales están relacionados con la solicitud de información adicional o preguntas, trate de responder de una manera eficaz y rápida. Esto será muy beneficioso para la imagen de la empresa, pues el usuario se sentirá valorado por ella.

Con los comentarios negativos las respuestas varían de acuerdo a cada caso. Sin embargo, generalmente las opciones se limitan a guardar silencio, responder o borrar el mensaje en cuestión, aún sin saber cuánto daño le hizo a su imagen.

Hay ocasiones en que lo más adecuado es dejar pasar los comentarios sin contestarlos, porque al hacerlo se magnifica aún más el problema. Por ejemplo si lo hizo un usuario de Twitter con veinte seguidores.

Sin embargo si decide responderlos, estas son algunas sugerencias para tener en cuenta:

- Use un lenguaje respetuoso.
- Sea lo más honesto posible y si hubo error o negligencia, reconózcalo en forma profesional.
- Trate de establecer un diálogo parejo, no se sienta superior porque representa a una empresa, no importa el tamaño de ésta.
- Actúe con rapidez. Recuerde que ahora Internet actúa en tiempo real y se requiere responder de manera eficaz en el menor tiempo posible.
- Identifique usuarios reales que estén dispuestos a defender la marca y pídales que lo hagan públicamente con su propio testimonio.
- Sepa cuándo terminar la conversación.
- Agradezca el tiempo de la otra persona.

4. Revisión de la estrategia inicial

De ser necesario revise su estrategia y haga los correctivos pertinentes para que las situaciones que generaron comentarios negativos no se vuelvan a dar.

5. Seguimiento

Una vez haya respondido a los comentarios a su alrededor y puesto el plan en acción con los correctivos necesarios para mejorar su imagen en Twitter, es indispensable que siga utilizando diariamente las mismas aplicaciones para monitorear la evolución de su marca o nombre en Twitter.

Nota: He visto a varias empresas crear usuarios falsos para que hablen bien de determinado producto o cliente para hacerse publicidad o contrarrestar una campaña negativa. No estoy de acuerdo con esa práctica, porque parte de una mentira y puede llegar a ser contraproducente para la empresa.

Hace poco una empresa de cosméticos francesa terminó disculpándose con sus usuarios de Internet, después se descubriera que el blog donde una mujer común y corriente hablaba de las maravillas de los cosméticos, era pagado por ellos. Ante la avalancha de comentarios negativos, la empresa tuvo que retractarse y empezar a incluir opiniones de verdaderos consumidores acerca de sus productos.

¿Qué es un "Community Manager"?

Con el auge de las redes sociales, se ha creado la figura del "Community Manager".

Wikipedia lo define como: "La persona encargada de crear, gestionar y dinamizar una comunidad de usuarios en Internet con independencia de la plataforma que empleen".

De este tipo de profesional se empezó a hablar a partir de 1996, con el surgimiento de las distintas redes sociales. Sin embargo es en los últimos cuatro años cuando ha estado cobrando más relevancia su presencia en las empresas.

Si el tamaño de su empresa lo amerita, es recomendable que piense en la posibilidad de contratar uno de estos profesionales, que generalmente puede ser periodista o experto en mercadeo con amplios conocimientos de redes sociales.

En nuestro próximo capítulo vamos a ver cómo complementar a Twitter con su blog, su celular y sus cuentas en Facebook, Linkedin, YouTube y Foursquare.

Capítulo 9

¿Cómo complementar Twitter
con otras plataformas sociales?

Para maximizar las posibilidades de éxito, su estrategia de "Social Media" debe ser integral. Es recomendable la conjunción de Twitter con Facebook y su blog personal.

Incluso, dependiendo del tipo de negocio, podría incorporar otras plataformas sociales como: Linkedin, (información laboral), YouTube (videos) y Foursquare (geolocalización).

Adicionalmente, hablaremos de la integración de su cuenta de Twitter con su celular.

Nota: Recuerde que si su cuenta de Twitter es privada, no será posible que otras aplicaciones compartan su contenido.

Twitter y Facebook

Hay un cuento que circula en Internet que dice que en Facebook están los compañeros del colegio que tuvimos y en Twitter, los que hubiésemos querido tener. Esto refleja un poco la realidad de estas dos plataformas sociales.

Sin embargo, ¿quién no quisiera tener entre sus clientes a los compañeros que tuvimos y también a los que hubiésemos querido tener? ¡Sería una combinación perfecta!

Muchas personas no tienen muy claro las similitudes y diferencias entre Twitter y Facebook; estas son las más importantes:

Semejanzas

- Son redes 2.0, es decir que permiten la relación del usuario con otros usuarios.

- Hay un continuo intercambio de información de diferentes formatos: enlaces de texto, video, fotografías e imágenes.
- Son dos de las plataformas sociales más populares en el mundo.

Diferencias

- Mientras que en Twitter el mensaje no puede pasar de los 140 caracteres (incluidos espacios) en Facebook no hay límite.
- Facebook es una red social y Twitter una red de fuentes de información.
- En Twitter hay seguidores y seguidos. En Facebook los contactos son amigos y fans.
- Facebook tiene cerca de 500 millones de usuarios, mientras que Twitter tiene alrededor de 75 millones.
- El tipo de contenido en Facebook tiende a ser más personal que profesional. En Twitter ocurre a la inversa.
- Twitter es un canal público, todo el mundo puede ver lo que escriben los demás. Facebook, por el contrario, es una aplicación visible solamente para los contactos aceptados.
- La privacidad es una obsesión para los usuarios de Facebook. Sin embargo, para los "twitteros" entre más usuarios lean sus tweets, mayor valor tendrá su cuenta.
- Mientras Facebook nació con el objetivo de compartir información entre la gente que se conoce en la vida real, Twitter busca universalizar el "Timeline", es decir su página personal, donde ve las actualizaciones de las personas a las que sigue.
- El espectro de edad en el que se mueve Facebook es más amplio que el Twitter.
- Mientras en Facebook hay desde niños hasta personas de la tercera edad, en Twitter la mayoría está entre los 25 y los 45 años.
- Las ocupaciones de los usuarios en Facebook es variada. Los profesionales de Twitter están más enfocados en comunicación, diseño, mercadeo y tecnología.
- Hay una tendencia mayor por parte de los usuarios de Twitter a usar este medio como herramienta de trabajo.
- Los formatos son distintos, el de Facebook es mucho más amigable, visualmente hablando, que el de Twitter, que al principio es un poco difícil de entender.

- En Facebook hay más espacio para el entretenimiento que en Twitter, pues cuenta con muchas aplicaciones para este fin, como sus juegos y tests.

¿Cómo conectarlas?

Para hacer la conexión desde su página de Twitter:

Hay una opción que le permite compartir sus actualizaciones más recientes de Twitter con sus amigos de Facebook.

- Vaya a su página de Twitter y seleccione la opción Extras en la parte inferior

Quiénes somos Contactos Blog Estado **Extras** API Compañías Ayuda Trabajos Condiciones Privada

- Seleccione la opción "Widgets"
- Escoja Facebook y abra esa opción
- Oprima donde dice Instalar Twitter en Facebook
- A la pregunta si quiere conectar las dos cuentas, seleccione Permitir
- Por ultimo podrá unificar la misma fotografía y transferirla de una cuenta a otra
- Si quiere desconectar estas cuentas, simplemente vaya a la mano izquierda de la última página que visitó y seleccione la opción de desconectar.

Twitter y su blog

¿Qué es un blog?

Según Wikipedia, un blog es un sitio web periódicamente actualizado que recopila cronológicamente textos o artículos de uno o varios autores, apareciendo primero el más reciente, donde el autor conserva siempre la libertad de dejar publicado lo que crea pertinente.

En español también se le llama bitácora y es el pilar de cualquier plan de "Social Media". Entre sus mayores beneficios, está el dar a conocer su empresa o su marca personal y facilitar las relaciones con sus usuarios.

Nota: Si usted ya tiene un buen portal de Internet, probablemente no necesite de un blog. Las principales diferencias entre ellos es que usualmente el blog está más actualizado que el portal, es más fácil de manejar y el mantenimiento por lo general lo hace una sola persona.

De todos modos, para fortalecer su estrategia de "Social Media", es indispensable que tenga alguno de los dos.

¿Cómo crear su blog?

Recuerde que tanto un blog como un portal de Internet son los lugares donde más información podrá desplegar sobre usted y su negocio, así que ¡aprovéchelo!

Para poner en marcha su blog:

- Puede abrir su blog en www.blogger.com o www.wordpress.com, ambas son gratuitas.
- Identifique sus objetivos, de ellos dependerá su formato y contenido.
- Mire los blogs de sus competidores, seguramente encontrará buenas ideas.
- Si ya tiene cuenta en Twitter, trate que los colores y la apariencia sean coherentes con su blog.
- Planifique la periodicidad con la cual le va a dar mantenimiento a su blog.
- Fomente el intercambio de información con sus usuarios, a través de los comentarios que ellos hagan acerca del contenido de su blog.

¿Cómo conectar Twitter con su blog?

Esta es una de las formas de hacer que cuando escriba en su blog, salga publicado también en su cuenta de Twitter.

- **Vaya a Twitterfeed**: http://twitterfeed.com/

Desde aquí podrá no solamente conectar su blog con Twitter, sino también su cuenta de Facebook.

Twitter y Linkedin

Más de 70 millones de profesionales en el mundo usan Linkedin para intercambiar información, ideas y oportunidades de negocio.

La principal diferencia entre Twitter y Linkedin es que en esta última los usuarios solamente se conectan por motivos profesionales, mientras que en Twitter el espectro es mucho más amplio.

¿Para qué le sirve Linkedin?

La utilidad de la mayor red profesional del mundo es innegable, especialmente si se usa como complemento de los demás medios sociales.

Estos son sus principales beneficios:

Linkedin le permite:

- Comunicarse con personas influyentes en su campo de acción.
- Generar clientes potenciales.
- Estar informado acerca de las últimas tendencias de su sector.
- Promocionarse como profesional o como empresa.
- Controlar su perfil profesional en Internet y tener acceso al de muchas personas que le pueden ser útiles para múltiples propósitos.

Algunas de sus debilidades son:

- Su página es un poco complicada de manejar.
- Completar su perfil puede ser un proceso largo, sin embargo los resultados serán óptimos.
- Los usuarios quieren convencer al resto que son los mejores profesionales o que su empresa es la mejor, por lo que a veces incomoda tanta autopromoción.
- Todavía no es una plataforma muy conocida en el mundo.

¿Cómo conectar a Twitter con Linkedin?

Esta opción se debe hacer desde su cuenta de Linkedin; si aún no tiene una le recomiendo que la abra, es muy sencillo y puede hacerlo en español.

En la parte superior de su página de Linkedin vaya a Perfil, luego a Editar Perfil, después en la mitad del portal encontrará Aplicaciones y al lado la opción Añadir Aplicación, después de oprimirla encontrará varias de ellas, seleccione Tweets.

Aparecerá una advertencia que dice que esta aplicación está sólo disponible en inglés y puede que no funcione correctamente si utiliza la interfaz en otro idioma (a mí esto nunca me ha ocurrido).

Oprima Añadir Aplicación:

☑ Mostrar en mi perfil

☑ Mostrar en la página de inicio de LinkedIn

```
Añadir aplicación
```

Le aparecerá la opción **"Add Twitter Account"** y luego las posibilidades de rechazar o permitir, aunque es probable que en el proceso de verificación, Twitter le pida el nombre de su cuenta y la contraseña. No se olvide de guardar los cambios.

Nota: Puede cambiar esta configuración en cualquier momento desde la página de configuración de Twitter.

Esta configuración puede revocarse en cualquier momento desde su cuenta de Twitter, al ir a Configuración y después a Conexiones, ahí encontrará no sólo la cuenta de Linkedin, sino todas las demás aplicaciones que usted ha permitido unir con su cuenta de Twitter.

Recuerde que para que los tweets lleguen a Linkedin, su cuenta en Twitter debe ser pública.

Si quiere compartir actualizaciones de Linkedin en Twitter, debe marcar la casilla que aparece junto al ícono de Twitter en su página de Linkedin. Siempre que se marque la casilla de Twitter la actualización se publicará.

Twitter y YouTube

YouTube es un servicio dedicado a videos, donde cualquier persona o empresa puede publicar y compartir videos en formato digital, de una manera muy sencilla.

Si bien YouTube también es un medio para propagar contenidos, tiene algunas características muy propias:

- Su contenido es audiovisual.
- Es un método barato, solo necesita una cámara que tenga la opción de filmación.
- No tiene que ser un profesional, pues los usuarios no son muy exigentes con la calidad de los videos.

¿Cómo conectar Twitter con YouTube?

Para lograr que todas las actualizaciones que haga en YouTube aparezcan en su cuenta de Twitter haga lo siguiente:

- Vaya a www.YouTube.com, si no tiene una cuenta aún, ábrala.
- Después vaya a la parte superior derecha donde está su nombre de usuario, oprima allí y luego seleccione Cuenta.
- Escoja la opción Uso compartido de la actividad.
- Elija a Twitter y se conectarán las cuentas
- También, desde aquí, puede sincronizar su cuenta de YouTube con Facebook, Reader, Buzz y Orkut.

Twitter y Foursquare

Foursquare es una red social que sirve para compartir la ubicación de un usuario con sus contactos desde un celular vía GPS (sistema de geolocalización por satélite).

La idea es hacer "check-ins" en los lugares en los que el usuario se encuentra, a través de los cuales se pueden obtener recomendaciones

Estas son algunas de las características:

- Tiene alrededor de un millón de usuarios.
- Puede usarse en teléfonos móviles como BlackBerry, iPhone y Android, en los otros teléfonos debe hacerse por Internet móvil.
- Su objetivo primordial es ayudarle a los usuarios a encontrar a sus amigos, ganar puntos y reconocimientos por descubrir lugares, hacer cosas nuevas y conocer gente nueva. Esto a través de la interacción de los usuarios con el sitio y la base de datos de lugares que se van creando.
- Tiene un sistema con el cual se ganan puntos con base en el número diario de registros. La idea es estimular a los usuarios y que ellos digan dónde se encuentran con frecuencia.

¿Cómo conectar Twitter con Foursquare?

Desde su página de Foursquare, en la parte superior, vaya a Settings

Find   Friends   Add Things   Apps   Help   **Settings**   Logout

Seleccione **Link to your Twitter account**, después oprima **Sign in with Twitter y finalmente** Permitir

Nota: Verá la mezcla de la palabras en español y en inglés, porque la Foursquare solamente funciona en inglés y recuerde que usted tiene configurada su cuenta de Twitter en español.

Twitter y su celular

Es muy fácil instalar Twitter en su celular. Las ventajas son muchas: ¿la principal? Tendrá a Twitter trabajando 24 horas los 7 días de la semana para usted o su empresa.

En la parte superior de su página de Twitter vaya a móvil y después siga las instrucciones.

Cuenta   Contraseña   **Móvil**   Avisos   Perfil   Diseño   Conexiones

Verifique si su país esta incluido dentro de este servicio.

Nota: Estas son solamente algunas de las más de 400 plataformas sociales existentes actualmente en el mundo, además de las cientos que están preparándose para surgir.

En nuestro próximo capítulo, vamos a ver algunas de las herramientas más importantes que Twitter le ofrece para darle más visibilidad a su negocio en la red: Encuestas, promociones y concursos.

Capítulo 10

Encuestas, Promociones, Concursos y Eventos

En este capítulo veremos distintas alternativas de mercadeo, que puede implementar en Twitter, muy efectivas a la hora de conseguir seguidores y por ende de ganar visibilidad en la red.

El uso de las encuestas

Las encuestas son una de las herramientas más poderosas de Twitter. Y si está conectado con otros medios sociales tendrán un efecto multiplicador.

@anamjaramillo: ¿Además de Twitter qué otro medio social usa?

- ◯ Facebook
- ◯ Flickr
- ◯ Foursquare
- ◯ Linkedin

Leave a comment (optional):

Ana Maria Jaramillo

☑ Retweet this poll

Crear encuestas en Twitter puede ser muy beneficioso para su marca, su empresa o simplemente para conocer las tendencias de sus seguidores sobre un determinado tema.

Las aplicaciones existentes, en su mayoría, son fáciles de manejar. Sin embargo, hasta ahora, los resultados pueden no ser muy confiables.

Un equipo de investigadores de la Universidad de Carnegie-Mellon, en Pittsburgh, revisó miles de millones de tweets para saber si, al igual que las encuestas tradicionales, estos sondeos virtuales son el reflejo de los sentimientos y opiniones de la población.

La conclusión fue que aunque los resultados de ambos métodos son similares, mientras que las distorsiones de las encuestas tradicionales ya se saben manejar, las de Twitter todavía no, lo que elevaría el margen de error. Sin embargo es solo cuestión de tiempo, porque definitivamente las encuestas virtuales están tomando cada vez más auge.

Al hacer una encuesta tenga en cuenta:

- Formule la pregunta de la manera más clara y concisa posible.
- Una vez publicada no se puede modificar.
- Si le da la opción que cada usuario conteste sólo una vez, selecciónela.

Estas son algunas de las aplicaciones más populares para crear encuestas:

1. TwtPoll: http://twtpoll.com/

Esta es una herramienta muy fácil de usar. Está en inglés, pero puede cambiar el lenguaje en la parte inferior derecha, a través del traductor de Google.

Puede crear sondeos y encuestas. Algunos de los sondeos son gratis y sólo incluyen una pregunta, mientras que las encuestas tienen más preguntas, e incluyen datos demográficos y son pagas.

Le recomiendo que no marque la opción "Allow multiple vote per IP address", porque le permitirá a un mismo usuario responder varias veces, distorsionando los resultados.

Además en la página de Twtpoll podrá ver las últimas encuestas que se han creado allí y las más populares. Mírelas antes de empezar a crear la suya.

2. TwttrStrm: http://www.squidoo.com/twttrstrm/hq

Es una aplicación de uso sencillo y gratuito creada por Squidoo, que permite iniciar discusiones y seguir los resultados de las preguntas formuladas. Solamente necesita plantear el interrogante o el tema de discusión (que no exceda de 100 caracteres), ingresar su nombre en Twitter, escribir una palabra clave o hashtag que identifique su encuesta y finalmente, elegir la categoría correspondiente al tema.

3. Polls.tw: http://polls.tw/

Es una rápida y sencilla herramienta gratuita para crear encuestas en Twitter. Lo único que necesita es formular la pregunta y escribir las posibles respuestas. Este servicio le da la opción a quienes contesten la encuesta de hacer comentarios al respecto. Cada vez que entre a la página de Polls.tw podrá monitorear los resultados de su encuesta.

4. Poll Your Followers: http://pollyourfollowers.com/

Es una manera muy fácil de hacer encuestas. Solamente necesita introducir su nombre en Twitter, formular la pregunta y las probables respuestas. Después se creará una URL corta para la encuesta y aparecerá en su página de Twitter.

5. PollDaddy Twitter: http://twitter.polldaddy.com/

Es una manera fácil y rápida de elaborar encuestas. Tan sólo basta con crear la(s) pregunta(s), ingresar con sus datos de Twitter y la encuesta se enviará a todos sus seguidores.

6. TweetSwell: http://www.tweetswell.com/

Esta aplicación le permite no sólo hacer encuestas, sino también crear promociones y premiar a los usuarios que participen.

En este momento se necesita invitación para probarla, sin embargo llega en pocos días por correo electrónico, después de inscribirse.

Sus puntos fuertes son la personalización de las respuestas de las encuestas y las estadísticas detalladas que ofrece de los resultados, los cuales puede enviar a su blog o página mediante el código que se le suministra. Vale la pena probarlo.

La magia de las ofertas y promociones

Las ofertas y promociones se han vuelto muy populares en Twitter, no solamente entre las pequeñas y medianas empresas, sino también entre las grandes.

Sin embargo antes de llevarlas a cabo es necesario elaborar un sencillo plan que incluya:

- **Elija el tipo de oferta o promoción que va a realizar**
  - Compre uno y lleve otro gratis

    "Compre una pizza y lleve otra gratis, mencionando el código #Pizzamia"

  - Un porcentaje de descuento

    "20% de descuento para quienes compren pasteles los lunes en la tarde, mencionando a Twitter"

  - Un regalo que puede ser o no uno de los productos de su empresa

    "¿Te encanta el cine?" "La Tarjeta Prepagada Univisión Master-Card tendrá un sorteo Julio 16-22. Info, reglas oficiales www.univisiontarjeta.com"

  - Un beneficio extra

    "Este fin de semana trae tu botella de vino al restaurante, la descorcharemos sin costo"

  - Los requerimientos necesarios para poder acceder
    - Comprar en un determinado día y hora.
    - Dar una clave.

  - A quién va a dirigirse

    Puede ser entre todos los seguidores de su negocio y/o entre quienes reenvíen la promoción a sus propios seguidores.

    "RT a tus amigos, Si llegamos a los 2,000 Followers... ¡Otro espectacular descuento!!!!"

  - Cuánto tiempo va a durar

    Si va a ser una oferta de sólo una vez o por un período de tiempo más largo

Otras ideas para promociones incluyen:

- Un segundo producto a mitad del precio, por la compra del primero.
- Un servicio gratis para los clientes que le visiten por primera vez.
- Un producto o servicio gratis para las primeras diez personas que le compren o le visiten.
- Un descuento a las personas que impriman un cupón publicado en nuestra página en Internet
- Un descuento por ser el mes de su aniversario o una fecha especial para la comunidad.
- Enviar pequeños regalos a nuestros seguidores más habituales, ojalá con el logo de nuestro negocio.

Nota: Si quiere ver una larga lista de ofertas y promociones realizadas por diferentes empresas en Twitter, escriba la palabra "sorteo" en el buscador de su página.

El poder de los concursos y premios

Hay muchos tipos de concurso, dependiendo de la clase de negocio; sin embargo existen unos pasos a seguir antes de convocarlo:

- ¿Cuáles son los objetivos?
- ¿Qué tipo de concurso se va a hacer?
- ¿Qué día se va a lanzar?
- ¿A quiénes va dirigido, solamente a seguidores o a todos los usuarios?
- ¿Cuáles son las reglas de juego? Entre más sencillas y claras, mejor
- ¿Qué premio se va a ofrecer a quien gane el concurso?
- ¿Hay alguna limitación geográfica o enviará el premio a cualquier parte del mundo?
- ¿Qué duración tendrá el concurso?
- ¿Cuál será la forma de seleccionar el ganador?

Estas son dos aplicaciones de Twitter que pueden ayudarle a la hora de hacer concursos:

- **Sorteie:** http://sorteie.me/?lang=es

  Le da la opción de realizar sorteos entre sus seguidores de Twitter o entre todos aquellos que hacen RT a un enlace específico usando el acortador migre.me.

  El sistema genera resultados aleatorios, usando random.org, que se almacenan en un portal de Internet exclusivo del sorteo. Funciona en portugués, inglés y español.

- **Twitrand:** http://twitrand.com/

  Ofrece dos alternativas para escoger al ganador de un concurso: realizarlo entre los seguidores de una cuenta de Twitter o hacerlo entre aquellos usuarios que hayan mencionado una palabra o un hashtag o una URL específica (NO URL acortada) que se haya elegido previamente para el sorteo. Tiene un tope de 1500 participantes.

  En caso de acusaciones de fraude sobre la selección del ganador, twitRand es muy útil, pues imprime en pantalla la hora exacta en que se ha realizado por el sistema y una URL abreviada para compartir entre los participantes.

Algunos ejemplos del concursos:

"Para ganarte 1 de los 500 tiquetes nacionales ida y regreso gratis, sólo debes hacerte fan de volar gratis con... http:// fb.me/ywDzlYed"

Este es un buen caso de un concurso en Twitter. Aires está buscando que sus seguidores en Twitter se vuelvan fans de su página en Facebook, estimulándolos con un premio: un tiquete dentro de Colombia ida y vuelta.

"Gánate el libro de Twitter para todos, las reglas están en mi blog Twitterparatodos.com"

Esta es una buena estrategia porque está promocionando el libro y a su vez generando tráfico al blog.

Voten mucho por @Anahi para los Kid Choice Awards en México y también voten por @ponchohd http://bit.ly/bPeJUo

Si quiere ver otros ejemplos de concursos en tiempo real, vaya a su página de Twitter y en "buscar", escriba la palabra Concursos.

En nuestro próximo capítulo veremos usuarios que han creído en Twitter y creado su propia historia exitosa alrededor de este medio social.

Capítulo 11

Historias de éxito

Hay montones de historias que han terminado siendo exitosas gracias a Twitter y a otras plataformas sociales; este es sólo un recuento de algunas de ellas.

Empresas

- **Dell:** (@dellOutlet)

    Dell Outlet, es la división de la compañía que se encarga de vender computadores reacondicionados y otros productos que necesitan circular rápidamente.

    Cuando Ricardo Guerrero, uno de los empleados, descubrió Twitter en la conferencia South by Southwest de 2007, pensó que sería un buen medio para divulgar información.

    La empresa se sorprendió cuando las personas respondieron: "Querían hacer preguntas. Querían compartir sus experiencias, buenas y malas", dijo Stefanie Nelson, gerente de creación de demanda en Austin, Texas.

    Adicionalmente, Dell Outlet, hace promociones exclusivas para los usuarios de Twitter y trata de no enviar muchos tweets para no saturar a sus seguidores.

    A julio del 2010 tenía más de un millón y medio de seguidores y en diciembre del 2009 la compaña anunció que tuvo ganancias de U$6.5 millones del servicio de microblogging, lo que representa un aumento de U$3 millones en sólo 6 meses.

Un ejemplo de los tweets de Dell es:

"15% off any Dell Outlet Home laptop or desktop! Enter coupon code X6GQDFV7LF5?1F at checkout at X6GQDFV7LF5- Online only".

("15% de descuento en cualquier laptop o desktop del outlet de Dell. Entre el código del cupón X6GQDFV7LF5? Si va a X6GQDFV7LF5- solamente online")

- **Best Buy:** (@ twelpforce)

Best Buy, una cadena de almacenes de venta de productos electrónicos, quería ser un recurso para los clientes más allá de su experiencia en las tiendas. La compañía desarrolló una manera única de comunicarse con los clientes a través de su cuenta @ twelpforce para proporcionar interacción en tiempo real.

En la actualidad, la gente utiliza su propia cuenta en Twitter para hacer preguntas directamente a @twelpforce, y cualquier empleado de Best Buy, en sus horas de trabajo, puede proporcionar respuestas usando una réplica @ para el cliente.

A 27 de Julio esta cuenta de Best Buy tenia casi 28,000 seguidores.

Un ejemplo de sus tweets es:

"¿Traveling overseas for your summer vacation?" Here's some tech tips for international travel: http://bit.ly/chl2LG via agent3012"

("¿Haciendo viaje transatlántico en sus vacaciones de verano?" He aquí algunos consejos técnicos para viajes internacionales:// bit.ly/chl2LG via @agent3012")

- **Zappos:** (@zappos)

Esta es otra de las historias más estudiadas de Twitter. Tony Hsieh, el CEO de Zappos.com –(compañía de zapatos, carteras, ropa y accesorios)– estimuló a los empleados de su compañía a que usaran Twitter y cada uno de ellos se convirtiera en un representante de servicio al cliente.

En la actualidad es el mismo Hsieh quien mantiene la cuenta principal de ésta y en julio del 2010 tenía 1'700,000 seguidores.

Hsieh, no solamente promociona su negocio en sus tweets, sino también da consejos útiles como:

"Note to self: Don't leave sodas in car during summer. Cans might explode while driving & scare the living daylights out of you".

("Nota para usted mismo: No dejar gaseosas en el carro en el verano. Las latas podrían explotar mientras se está manejando y ocasionar un gran susto")

- **Aerolínea Aires–Colombia:** (@airescolombia)

  Aires ha sido una de las aerolíneas latinoamericanas que más en serio se ha tomado el papel de las plataformas sociales en el mundo actual. Su presencia en Twitter hace parte de una estrategia enfocada en "Social Media", iniciada en febrero del 2009. Uno de sus grandes aciertos es la utilización de los "Promocodes", que brindan un descuento o tarifa especial mucho más económica, exclusivos para usuarios de Twitter y Facebook.

  Las plataformas sociales, en el caso de Aires, no se han convertido en un medio formal de servicio al cliente. Sin embargo, afirman tener varios casos donde se presentan o realizan solicitudes de servicio, en los cuales se ha redirigido al pasajero a los medios formales para atención de solicitudes, quejas o reclamos.

  Las cuentas en las plataformas sociales de Aires las maneja un "Community Manager", con el apoyo de tres recursos de la agencia digital con la que trabajan.

  Tras construir una sólida relación con sus seguidores y contar con una presencia importante en las plataformas sociales más populares, Aires, se ha convertido en la empresa aérea colombiana con más seguidores en Twitter. El próximo objetivo es continuar con la fase dos del plan inicial y avanzar hacia su potencialización.

Un ejemplo de un tweet de Aires es:

"SuperPromo desde hoy hasta el viernes 16 de julio. Aprovecha y planea desde ya tu viaje de AMOR & AMISTAD. 40%... http://fb.me/yWIDZzzA"

Franquicias famosas presentes en "Social Media"

Estos son algunos ejemplos de franquicias que están presentes en Twitter, que aparecieron en la edición de enero del 2010 de "American Entrepreneur magazine":

- **Subway:** (@subwayfreshbuzz)

  Subway atrajo más de 6,000 seguidores en menos de seis meses. La franquicia de venta de sandwiches saludables usa a Twitter para interactuar con sus seguidores de dos maneras: Enviando noticias y promociones acerca de su producto y monitoreando lo que se dice acerca de su marca.

  En julio del 2010 tenía casi 23,000 seguidores.

Un ejemplo de tweet suyo es:

  "It's back by popular demand, but no longer for a limited time: The Buffalo Chicken is here to stay! High-five, chicken lovers!"

  ("Vuelve por petición popular, pero ya no más por tiempo limitado: el Pollo estilo Búfalo está aquí para quedarse! Dame esos cinco amantes del pollo"

- **McDonald's:** (@McDonalds)

  McDonald's, opera varias cuentas en Twitter. Una de ellas es @McDonalds, que en julio del 2010 tenía alrededor de 36,000 seguidores y es usada no sólo para difundir noticias acerca de la marca y promociones, sino también como servicio al cliente, por ejemplo:

  "This will help you celebrate: Visit http://mcd.to/cr5kdC & get $1 off any size McCafe Frappe or Smoothie purchase (offer exp. 8/15/10) ^Geo"

  ("Esto puede ayudarle a celebrar: visite http://mcd.to/cr5kdC y obtenga $1 de descuento en la compra de un McCafe Frappe o un Smoothie de cualquier tamaño.- (la oferta expira 8/15/10-^Geo")

- **7-Eleven:** (@7eleven)

  Bajo el nombre de @7eleven, esta cadena de tiendas lanzó en septiembre del 2009 su primera campaña en Twitter, creada con el fin de promocionar su línea de café brasileño entre usuarios de 18 a 34 años. Unas pocas semanas después tenía 100 seguidores y ese número seguía creciendo —en julio del 2010 tenía alrededor de 2,300-. Además de hacer promociones, 7-Eleven, también envía mensajes con ideas para estimular el consumo de sus productos.

Un ejemplo de tweets de 7-Eleven es:

"Want to be a star this July 4th? 7-Eleven makes it easy with plenty of snacks, beverages and ice to keep it all cold".

("¿Quiere ser una estrella este 4 de Julio? 7-Eleven se lo facilita con un montón de bocadillos, bebidas y hielo para mantenerlo todo frío")

- **H&R Block:** (@HRBlock)

  Esta empresa estadounidense dedicada al cálculo de impuestos usa a Twitter más que como una herramienta de mercadeo, como un servicio personalizado al cliente que le da la posibilidad de contestar las dudas de los usuarios en materia de impuestos y divulgar los cambios en las leyes tributarias. En julio del 2010 tenía casi 5,000 seguidores.

  Un ejemplo de un tweet de H&R Block es un tema de gran utilidad para quienes usan Twitter y Facebook y están en Estados Unidos: los impuestos sobre los premios que se ganan allí.

  "The Cost of Luck - Tax Implications of Winning Contests on Twitter & Facebook http://bit.ly/dgbpjl"

  ("El Costo de la Suerte – Implicaciones Tributarias de ganar concursos en Twitter & Facebook http://bit.ly/dgbpjl)

- **Dunkin' Donuts:** (@DunkinDonuts)

  En un poco más de un año de lanzada su cuenta en Twitter, Dunkin Donuts tenía más de 38,000 seguidores; en julio del 2010 la cifra había ascendido a casi 55,000. La compañía se ha enfocado en crear un lugar donde la gente pueda hablar sobre cuánto le gustan sus productos.

Un ejemplo de un tweet, a la vez un concurso de Dunkin Donuts, es:

"So, I need to wash down my donut with a Strawberry-Watermelon Coolatta. Mix needs a name. Best idea gets a $60 DD card. Tag it #DDMIX"

("Bueno, tengo que pasar mi rosquilla con una Coolatta de fresa y sandía. La mezcla necesita un nombre. La mejor idea que haya recibe una tarjeta de $ 60 DD. Márquela # DDMIX")

Pequeños Negocios

Estos son casos de éxito de pequeñas empresas, que por el tipo de negocio no se puede medir su valor por la cantidad de seguidores, sino por lo que generan.

*   **Kogi KoreanTaco Truck:** (@KOTacoTruck)

    Esta es una pequeña empresa de camioncitos de comida que vende tacos mexicanos con salsa coreana en Los Ángeles, California. Usa su cuenta en Twitter para alertar a sus clientes acerca de su próxima ubicación y una vez está allí, envía un mensaje diciendo que la comida está lista. En julio tenía casi 700 seguidores.

Este es un ejemplo de sus tweets:

"Still hungry? Don't worry we'll be serving until 2AM tonight. Las Perlas at 6th & Main #dtla"

("¿Aún tiene hambre? No se preocupe, tendremos abierto esta noche hasta las 2 de la mañana. Las Perlas entre la 6ta y Main #dtla")

Artistas

Ricardo Montaner (@montanertwiter)

Ricardo Montaner, empezó a usar Twitter, en junio del 2009 y es el único medio social en el que participa.

El artista lo consulta a diario, sea desde su computadora o su teléfono móvil y solamente él lo administra.

En julio del 2010, tenía alrededor de 300,000 seguidores y seguía a 94 personas.

Para Montaner el principal beneficio de Twitter es el contacto directo con sus fans sin intermediarios. Si tiene algo qué decir, no espera a que algún medio tradicional lo haga. Simplemente lo escribe e inmediatamente las personas que están interesadas en su marca personal, reciben el mensaje.

"Me sucedió cuando murió Mercedes Sosa. Escribí un tweet sobre mi dolor y a los pocos minutos la prensa ya lo estaba reproduciendo" y agregó "Twitter me ha ahorrado mucho trabajo a nivel prensa".

Acerca del contenido de sus tweets, el cantante prefiere no saturar a los usuarios con contenido irrelevante y últimamente está optando por no dar demasiada información acerca de su localización exacta, por motivos de seguridad.

Tampoco acepta el lenguaje vulgar entre sus seguidores, así los insultos no estén dirigidos a él. Siempre trata de tener un mensaje positivo, muchas veces sacado de la Biblia, que le gusta a sus seguidores.

Adicionalmente, Montaner utiliza con frecuencia el recurso de la fotografía a través de twitpic.

Aquí un ejemplo de uno de sus tweets promocionando su Tour Soy Feliz:

"Abierto nuevo Luna Park...día 16 de agosto... aupa mucha expectativa para el nuevo Tour #soyfeliz 2010".

Políticos

- **Barack Obama:** @BarackObama

  Una de las áreas más sobresalientes de la campaña del presidente Barack Obama, fue su uso del "Social Media", incluida Twitter por supuesto. Ejemplo que fue seguido por la mayoría de mandatarios importantes del mundo.

Un ejemplo de un twett de Obama es:

"Wall St. reform helps families, businesses, and the entire economy. I urge the Senate to act quickly, so I can sign it into law next week".

("Wall St, la reforma ayuda a las familias, a los negocios y a la economía en general. Insto al Senado a actuar con rapidez, para que yo pueda sancionar la ley la próxima semana")

Lo cierto es que la cuenta de Obama, es una de las más populares del mundo; el 12 de julio del 2010 tenía 4'530,260 seguidores y aunque se sabe que por sus ocupaciones él no es quien la actualiza, sus seguidores se sienten importantes al recibir sus comentarios directamente en su computador o celular.

En junio del 2010, el presidente de Rusia, Dmitri Medvédev estuvo en la sede de Twitter en San Francisco, California y abrió su propia cuenta.

"El mayor activo de Silicon Valley es la comunicación. La gente comenta su trabajo, no tonterías. A Rusia le beneficiaría este tipo de ambiente", afirmó en uno de sus mensajes el presidente ruso.

Por su parte, algunos de los presidentes hispanoamericanos presentes en Twitter son Laura Chinchilla, de Costa Rica, Juan Manuel Santos, de Colombia, Felipe Calderón, de México y Hugo Chávez, de Venezuela.

Cuentas personales

A este tipo de cuentas, le pasa lo que a muchas de las pequeñas: no es necesario una gran cantidad de seguidores para ser exitosas.

Sin embargo, algunas terminan cobrando un gran valor como la siguiente:

- **Justin Halpern:** (@Shit My Dad Says)

  Esta es una de las historias de éxito más conocida. Justin Halpern, un estadounidense de 29 años, abrió una cuenta en Twitter en la que contaba todos los apuntes de su papá de 74 años y la llamó: "Shit My Dad Says", ("La M Que Dice Mi Papá") y fue tanto el éxito que en noviembre del 2009 la cadena de televisión CBS adquirió sus derechos para producir un show con los simpáticos apuntes de su padre.

  También hay un libro en el que Halpern recopila los tweets y se llama "Sh*t My Dad Says". En en julio del 2010, esta cuenta contaba con casi un millón y medio de seguidores en Twitter.

  Un ejemplo de estos tweets es:

  "The worst thing you can be is a liar....Okay, fine, yes, the worst thing you can be is a Nazi, but then number two is liar. Nazi one, liar two".

  (La peor cosa que usted puede ser es ser un mentiroso... Muy bien sí, la peor cosa que usted puede ser es ser un Nazi, pero entonces la segunda es ser un mentiroso. Nazi la primera, mentiroso la segunda).

- **Dr. Alejandro Espaillat:** (@DrAEspaillat)

  Twitter también resulta muy conveniente para los médicos. El Dr. Alejandro Espaillat, en Miami, ha estado ampliando su presencia en las redes sociales. Primero fue en Facebook y después en Twitter, tanto en inglés como en español.

El Dr. Espaillat, es cirujano oftalmólogo, especializado en cirugía refractiva láser para rejuvenecimiento visual y en cirugía cosmética láser para rejuvenecimiento facial.

El galeno ha aprovechado este canal abierto para interactuar con sus pacientes y que ellos sean quienes le promocionen a través de la red. Además de divulgar los últimos adelantos científicos relacionados con su especialidad, ofrece descuentos exclusivos para sus seguidores en los procedimientos cosméticos.

El Dr. Espaillat, ha aprovechado muy bien la posibilidad de conectar su cuenta de Twitter con la de Facebook y su blog. El éxito de su estrategia se traduce en un aumento del cinco por ciento en el número de pacientes nuevos, los cuales han llegado a su consultorio en la Universidad de Miami, por recomendaciones de algunos de sus seguidores.

Un ejemplo de un tweet suyo es :

"Entrando al quirófano a realizar Lasik. De 20/00 a 20/15 en sólo 15 minutos!"

- **Pilar Marrero:** (@pilarmarrero)

Pilar Marrero es una periodista venezolana que vive en Los Ángeles, California y trabaja en el diario La Opinión.

Su cuenta en Twitter es una historia exitosa porque ha logrado hacer de su nombre una marca reconocida en la red, en la que combina sus artículos periodísticos con sus opiniones personales, de una manera tan adecuada, que en julio del 2010, Pilar tenía casi 1,500 seguidores.

Con esto ha logrado no solamente que sus lectores habituales tengan acceso a sus artículos, sino muchísimas personas en cualquier lugar del mundo.

Para ella, Twitter, es un medio imposible de censurar que ofrece la posibilidad de informar y ser informado de forma rápida sobre cualquier tipo de tema, en el que hay que tener mucho cuidado con los rumores.

Un ejemplo de un tweet suyo:

"Hacer y seguir haciendo", es, según Dolores Huerta, el secreto de su increíble energía a los 80 años. (Entrevista... http://fb.me/DPNwK6Ek)

- **Adache Real Estate:** (@AdacheRE)

  Esta empresa ha labrado su nicho en el mercado de bienes raíces del Sur de la Florida, enfocándose en las propiedades reposeídas por los bancos.

  Adache Real Estate abrió su cuenta de Twitter en enero del 2010 y su meta no es obtener miles de seguidores, sino la de ser seguido por personas y compañías que tienen interés en este tema y en esta área.

  La estrategia adoptada por la empresa es la de dar a conocer nuevas propiedades que salen al mercado, distribuir artículos u opiniones que hablen del tema y enviar actualizaciones de su portal de Internet a agentes de bienes raíces quienes a su vez distribuyan la información vía Retweet a sus redes de seguidores. Es por ello que 40 o 50 seguidores en la industria se han convertido fácilmente en un par de miles vía RT.

Un ejemplo de tweet:

"877 #foreclosures in South Florida today in our web portal http://bit.ly/d8VeyB. Please check out and share with your friends"

("877 propiedades reposeídas en el Sur de la Florida hoy en nuestra página de Internet http://bit.ly/d8VeyB. Por favor mírelas y compártalas con sus amigos")

Eventos

Los eventos también tienen sus historias exitosas, dos de los más sonados, la final de NBA 2010 entre los Celtics de Boston y los Lakers de Los Angeles y el Mundial de fútbol en Sudáfrica.

- **Final de la NBA**

  Las finales del campeonato de baloncesto profesional estadounidense también fueron un éxito para Twitter. El juego decisivo entre los Lakers de Los Ángeles y los Celtics de Boston el 17 de junio batió récord, de 3.085 TPS (tweets por segundo) cuando el promedio normal es de 750 TPS al día.

  Muchos afirman que esto se debe en gran parte, a que ambas ciudades están dentro de las que cuentan con más twitteros activos en el mundo.

- **Mundial de Fútbol Sudáfrica 2010**

  Este fue el primer campeonato mundial que jugó Twitter y a pesar de haberse saturado varias veces, fue una experiencia exitosa, pues nunca antes se había podido compartir con tanta gente la alegría del gol o la tristeza de su falta.

Estos son algunos datos divulgados por Twitter, en relación con el mundial de Sudáfrica 2010:

- El final representó el mayor período de actividad en la historia de Twitter.

- A lo largo de los partidos, los tweets por segundo (TPS) fueron más altos que el promedio. Durante los últimos 15 minutos de los partidos, los TPS pasaron a más de 2.000. (El gol de España en la final obtuvo un 3.051 TPS).

- Durante la final, personas de 172 países twittearon en 27 idiomas.

- Tras el gol de la victoria de España, usuarios de 81 países twittearon en 23 idiomas diferentes.

Tragedias

No se puede pasar por alto dos de las tragedias más recientes en el mundo: los terremotos de Haití y Chile, ocurridos a principios del 2010. Si bien no son historias de éxito como tal, sí terminaron siendo casos de estudio de muchos usuarios de Twitter, debido al papel preponderante que este medio tuvo para difundir las primeras noticias y fotos de la dura realidad que afrontaron ambos países.

Tanto Twitter como Facebook, se convirtieron en herramientas claves de comunicación, entre los que sobrevivieron a estas tragedias y el resto del mundo, por lo menos en los primeros momentos.

Según lo escribió el diario El Tiempo de Bogotá el 14 de enero del 2010, uno de los reportes más estremecedores provino de Troy Livesay, que se identifica en su blog, livesayhaiti.blogspot.com, como trabajador de World Wide Village en Haití.

Livesay brindó una serie de mensajes el martes en su dirección de Twitter, @troylivesay, y en su blog. Este fue el primero de ellos:

"Acabamos de experimentar un terrible terremoto. Aquí en Puerto Príncipe las paredes se están cayendo. Estamos todos bien. Recen por los que están en los barrios de chabolas".

Por su parte, Twitter fue especialmente útil en Chile, país con una alta penetración de este medio social, desde donde se informó acerca de la cantidad de gente que estaba en las calles se describieron los daños y se buscó a miles de personas.

Las propias cadenas de televisión internacionales se comunicaron a través de sus cuentas en Twitter, con los usuarios chilenos que estaban enviando más tweets, para solicitarles información, fotos y entrevistas.

Todas estas historias resumen el gran poder que tiene Twitter en la vida de hoy, ¿Entonces por qué no aprovecharlo?

Finalmente, en el Capítulo Doce verá la aplicación de las estrategias de este libro en un caso concreto, que espero le sirva de motivación para empezar a crear su propia historia de éxito en Twitter.

Capítulo 12
Caso práctico

Finalmente, vamos a tomar un ejemplo de un caso práctico, que resuma lo que se ha visto en este libro y pueda extrapolar su propia realidad.

- **Tipo de negocio**

  Una pastelería pequeña con cuatro empleados llamada "Pasteles y algo más".

- **Especialidad**

  Pasteles para bodas, primeras comuniones y otras ocasiones especiales.

- **Ubicación**

  Un local pequeño de una excelente zona residencial y comercial.

- **Plan de Social Media**
  - Objetivo: Darse a conocer entre la comunidad, pues lleva seis meses de inaugurado.
  - Clientes Objetivo: Tanto los residentes como quienes trabajan en la zona.
  - Tono de la conversación: Amigable y casual.
  - Tipo de contenido: que esté relacionado con el significado de los pasteles en los momentos más importantes de la vida de los seres humanos.
  - Medios sociales escogidos: Twitter y blog.
  - Tiempo destinado: Las primeras dos semanas dos horas diarias de lunes a jueves y media hora de viernes a domingo. Después, media hora todos los días de la semana.
  - Personal a cargo: la dueña de la pastelería.

- Meta: Tener 500 seguidores de Twitter en 4 meses.

Blog o página de Internet

Si aún no tiene un blog o portal de Internet para su negocio, hágalo. Es importante que incluya la mayor cantidad de información posible y la actualice frecuentemente.

Plan en Twitter

- **Imagen del perfil**

  Publique una fotografía de la dueña del negocio con su ropa de trabajo.

- **Background**

  Suba una imagen de uno de sus mejores pasteles como fondo.

- **Busque a quién seguir**

  Identifique otras pastelerías similares en el país y a los habitantes de la comunidad que sean usuarios de Twitter.

  Puede encontrarles en el buscador de Twitter escribiendo el nombre de su ciudad y aparecerán todas las cuentas que tengan esa palabra implicada. También, puede hacerlo en www.localfollow. com, busque su ciudad y encontrará a los usuarios que allí viven.

- **Organice una comunidad en Twitter alrededor de su negocio**

  Importe todas las direcciones de los correos electrónicos de la dueña, cuyos usuarios vivan o trabajen cerca de la pastelería.

  Incluya la dirección de la nueva cuenta en Twitter en los correos electrónicos y tarjetas profesionales del negocio, así como en panfletos y otros materiales de promoción.

  Cada vez que se venda un pastel, entregue una tarjeta con la dirección del negocio en Twitter para que le sigan, ofreciendo concursos y grandes descuentos.

- **Escriba tweets**

  Incluya promociones exclusivas para los seguidores de la pastelería; sin embargo, no hable únicamente de los pasteles; comparta ideas para tener la mejor fiesta de matrimonio, por ejemplo. Piense en todos los elementos alrededor de esas fechas especiales

y escriba tweets o busque información interesante, relacionada con el tema, que pueda enviarle a sus seguidores.

Tómele fotos a los mejores pasteles y si tiene confianza con la clientela, pídale que cuenten su experiencia en Twitter, siempre y cuando ésta haya sido positiva, desde luego.

- **Etiquetée tweets**

  Especialmente los relacionados con promociones y concursos. Pues una vez finalizada la campaña podrá ver todos los mensajes escritos, buscando a través de la etiqueta "#prompasteles"; por ejemplo, en el buscador de Twitter.

  De esta forma, podrá tener una idea de cuántas veces se leyó el mensaje y comprobar si un usuario determinado participó o no de la promoción. Es importante utilizar una etiqueta original o de lo contrario habrá confusiones.

- **Reenvíe tweets**

  Busque los temas que más le interesen a su comunidad y reenvíelos, no importa si están relacionados con el negocio de otros, siempre y cuando no sean de su competencia. Eso ayudará a formar una imagen muy honesta del negocio.

- **Haga monitoreo**

  Cuando ya lleve un tiempo considerable en Twitter, empiece a hacer monitoreo de lo que dicen de la pastelería, tómese su tiempo para revisar cada comentario y haga su propio informe.

- **Responda**

  Siempre trate de responder de la mejor manera a las críticas, las preguntas y solicitudes de información adicional. Lleve un reporte detallado de cada uno de estos puntos.

Revise su Plan de Social Media inicial

Trate de contestarse estos interrogantes: ¿Qué cosas han funcionado? ¿Qué se ha dejado de hacer? ¿Qué ha salido mal y qué se necesita corregir?

Revise sus metas iniciales en cuanto al número de seguidores y trate de establecer qué porcentaje de sus nuevos clientes proviene de Twitter, directa o indirectamente.

Reescriba su plan

Con base en su nueva realidad reescriba su plan. Expanda la cobertura en medios sociales y combine a Twitter con otras plataformas sociales, como Facebook, si es que no la tiene aún y YouTube, por ejemplo.

¿Qué tal un video decorando un pastel? ¿O unas fotos desde el principio con todos los ingredientes en la mesa, y luego con el pastel ya listo? Las posibilidades son infinitas, solo es cuestión de creatividad.

Recuerde que el éxito en Twitter no se mide por el número de seguidores que consiga, sino en la conexión que establezca con ellos, para el beneficio de ambas partes.

Nota: Un mundo nuevo se abre ante usted, aprovéchelo con mesura, con respeto a los demás y como dice Andrés López: "No trabaje para el Señor Twitter, ponga al Señor Twitter a trabajar para usted".